HEYNE ‹

W0048973

THOMAS BREZINA

Tu es einfach und glaub daran

Wie du mehr Freude in dein Leben bringst

WILHELM HEYNE VERLAG
MÜNCHEN

Verlagsgruppe Random House FSC® N001967

Taschenbucherstausgabe 01/2020

© edition a, Wien, 2018

Der Wilhelm Heyne Verlag, München, ist ein
Verlag der Verlagsgruppe Random House GmbH,
Neumarkter Straße 28, 81673 München

Umschlaggestaltung: Nele Schütz Design
Layout: Lucas Reisigl
Satz: Satzwerk Huber, Germering
Druck: GGP Media GmbH
Printed in Germany
ISBN: 978-3-453-60524-4

www.heyne.de

Inhalt

Für Carmen und Hermann und den Rest
meiner wunderbaren Familie

Das Leben ist schrecklich schön

»Bist du wirklich so ein immer fröhlicher Mensch?«, werde ich oft gefragt. Der Grund für die Annahme sind die Fotos, die ich auf Instagram poste und sicherlich auch die Bücher, die ich in den vergangenen dreißig Jahren geschrieben habe.

Auf den Fotos lache ich, mache lustige Sachen, freue mich und habe sichtlich Spaß.

In meinen Büchern für Kinder und Teenager geht es um Abenteuer, Freundschaft, Spannung und noch einmal Spaß. Lesen soll ein Abenteuer sein, das ist und bleibt mein Motto. Bücher sollen immer Freude bereiten.

Auf die Gefahr hin, dass jetzt mancher enttäuscht ist, muss und will ich ein Geständnis machen: Ich war und bin nicht der glücklichste Mensch auf der Welt, und auch ich erlebe dunkle, traurige Zeiten. Manchmal sind sie sogar sehr dunkel und sehr traurig.

Paradox erscheint mir das heute ganz besonders dann, wenn ich zurückblicke und sehe, dass ich gerade in sehr erfolgreichen Momenten manchmal am unglücklichsten war.

Mein ganzes Leben lang aber habe ich nach Wegen und Möglichkeiten gesucht, fröhlich durch die Welt zu gehen und Freude zu haben.

Das Glück, das viele jagen, bedeutet mir nicht so viel. Für mich ist Glück immer nur ein Moment, ausgelöst durch eine schöne und oft überraschende Wendung der Ereignisse.

Freude aber ist eine Lebenseinstellung. Freude ist etwas, das dich erfüllt und wie ein zusätzlicher Blutstrom durch den Körper fließen kann.

Freude kommt manchmal von allein, wenn die Dinge, die ich erlebe, für mich freudvoll sind. Aber Freude ist vor allem eine Lebenseinstellung, die bedeutet, in jedem Tag etwas Freudiges zu sehen. Das kommt nicht von allein, dazu muss ich etwas beitragen.

Immer wieder einmal kommt dann ein Schlag, der mich heftig wanken lässt. Ich verzweifle, bin unglücklich, sehe kein Licht am Ende des Tunnels. Für kurze Zeit jedenfalls, aber es ist und bleibt mein Ziel, solche Ereignisse besser zu meistern, konstruktiv damit umzugehen und am Ende mehr Freude zu erleben als vorher. In jedem Fall lehren mich Herausforderungen, wie ich in der Zukunft besser mit Schwierigkeiten umgehen kann.

In meinem Leben habe ich niemals Drogen genommen. Ich rauche nicht und trinke nur wenig Alkohol. Dafür aber hatte ich immer Menschen an meiner Seite, die mich begleitet haben, von denen ich gelernt habe und die mir die richtigen Fragen gestellt haben.

Besonders gute Lehrer waren auch meine Eltern, zwei sehr kluge Menschen. Von meinem Vater habe ich zum Beispiel gelernt, welche Einstellung zur Arbeit glücklich macht und zum Erfolg führt. Er hatte eine sehr beruhigte

Weise, dem Auf und Ab des Lebens zu begegnen. Auch von meiner Mutter habe ich viele Erkenntnisse mitbekommen, die mich noch heute jeden Tag begleiten und stärken. Einer ihrer Ratschläge lautete: Lass die Zeit für dich arbeiten. Sie hatte sehr recht, wie ich inzwischen selbst feststellen konnte.

Wenn ich wieder etwas Neues gelernt hatte, dann habe ich es natürlich immer so gut wie möglich umzusetzen versucht. Ich habe es ausprobiert und mein Bestes getan. Was sich als nützlich herausgestellt hat, das habe ich beibehalten, alles andere war eben nicht das Richtige für mich (deshalb aber nicht schlecht).

In diesem Buch erzähle ich euch von meinen Abenteuern im Leben und meinen Tricks, mit Hilfe derer ich versuche, alles zu meistern, was mir so begegnet (oder sogar um die Ohren fliegt). Außerdem möchte ich euch schildern, wie ich die Welt rund um mich und auch die Welt in mir ein bisschen schöner gestalte.

Nach jedem Kapitel seid dann ihr dran. Wenn euch das, was ich erzähle, nützlich erscheint, dann:

Tut es einfach!

Ich gebe euch dazu ein paar Tipps und Anregungen.

Alles geschieht oder wirkt nur, wenn
ihr es selbst versucht und macht.

Das ist die wichtigste Lektion, die ich gelernt habe. Die zweitwichtigste lautet:

> *Das Lernen hört niemals auf. Nur wer*
> *immer neugierig bleibt und weiterlernt, der*
> *geht voran und lebt erfüllt und freudig.*

Auch wenn ich nicht der glücklichste Mensch der Welt bin, so kann ich mich heute doch viel mehr freuen und kann viel mehr genießen. Außerdem bin ich unendlich dankbar für so vieles, das ich erleben und erreichen durfte. Dankbar bin ich auch für die Lektionen, die mich das Leben gelehrt hat und deren Wichtigkeit ich rückblickend erkennen kann.

Euch allen wünsche ich ein Leben, in dem ihr euch wohlfühlt. Ein Leben, in dem ihr tun könnt, was euch erfüllt. Ein Leben, in dem es viele wunderbare Momente gibt und in dem ihr die Kraft findet, auch mit allen nicht so freudigen Ereignissen umzugehen.

Bleibt der Freude auf der Spur!

Beste Grüße,

Thomas Brezina
Storyteller, Freude-Forscher

Mehr Freude
jeden Tag,
das ganze Jahr,
rund um Dich

Wieso jedes Jahr von mir einen Titel bekommt

Gute Vorsätze sind ein netter Brauch, aber kaum jemand
hält sich länger daran. Die Zukunft kann ich nicht bestechen,
so zu werden, wie ich das will. Aber ich kann am Anfang
eines Jahres den Kurs setzen, auf dem ich
die nächsten 365 Tage segeln will.

Dem Jahr einen Titel, ein Motto zu geben, das mache ich schon seit langer Zeit. Ich hebe diese Titel auch auf, und wenn ich am 31. Dezember zurückschaue, dann staune ich oft. Es ist nicht nur so, dass ich im vergangenen Jahr nach dem Motto gehandelt habe. Unglaublich, aber wahr, viele Dinge haben sich auch genau so entwickelt. Von allen möglichen Seiten sind Leute aufgetaucht oder haben sich Ereignisse eingestellt, die Geschichten zum Titel wurden.

Ich kann durchaus verstehen, wenn das manche nicht glauben. Aber ich gebe euch ein Beispiel.

Vor Silvester 2016 habe ich für 2017 folgenden Titel aufgeschrieben:

»Der positive Gedanke zuerst«

Dazu als Inhaltsangabe:

Fester Glaube an das Neue, neue Anfänge und Möglichkeiten, glaube an das Weitergehen, vertraue deinem Instinkt und deiner Intuition und denke weniger.

Genau so ist es 2017 dann auch beruflich gekommen:

☺ Mein erster Krimi für Erwachsene, das Abenteuer der erwachsenen Knickerbocker-Bande.

☻ Meine Krimis auf Instagram.

☺ Meine vielen Postings auf Facebook.

☺ Über Instagram und Facebook habe ich wieder Kontakt mit meinen Lesern von früher bekommen, und es wurde außerdem viel in verschiedenen Medien darüber berichtet.

Aber auch in meinem Privatleben haben der Titel und die Inhaltsangabe einiges bewirkt.

☺ Ich bin Menschen begegnet, die zu Freunden geworden sind und von denen ich nie gedacht hätte, dass so etwas möglich wäre.

☺ Entscheidungen, die schon länger angestanden sind, haben sich fast von allein getroffen.

☺ Alle Informationen über die Wahl meines neuen
Hundes sind auf mich zugekommen, und ich habe
einen Hund gewählt, den ich mir vor zwei
Jahren noch nicht hätte vorstellen können.
(Gleich vorweg: Es war eine ausgezeichnete Wahl!)

Heißt das, es reicht, einen Titel festzusetzen, und dann
kommt alles von allein?

Nein, natürlich nicht! Selbstverständlich muss ich Aktionen setzen, aber gleichzeitig bin ich offen für alles, was da auftaucht.

Im Jahr 2017 war es bei mir so:

Ende Februar bin ich nach Buenos Aires gereist, denn dort lebt Pablo, der die meisten meiner Bücher illustriert. Wir kennen einander aus vielen E-Mails und Video-Skype-Gesprächen, aber es war Zeit, einander einmal gegenüberzusitzen und neue Projekte zu besprechen. Das haben wir auch getan, es war eine sehr erfolgreiche Reise mit vielen Ideen und Plänen.

Wieder zurück, bin ich die Liste der Buchprojekte durchgegangen und habe überlegt, womit ich anfangen soll. Aus heiterem Himmel, ich kann wirklich nicht mehr sagen, wieso und warum und woher, kam mir der Gedanke, dass ich doch schon seit vielen Jahren die Fortsetzung der Abenteuer der Knickerbocker-Bande, meiner Kinderkrimi-Buchserie um vier junge Detektive, schreiben will. Ich wollte selbst wissen, was aus den vier Freunden in ihrem Erwachsenenleben geworden ist.

So habe ich mich nach London zum Schreiben zurückgezogen. In meinem Arbeitszimmer habe ich die ersten zwei Kapitel getippt, bin aber dann nicht mehr weitergekommen. Der Zweifel hat in einem Ausmaß zugeschlagen, dass ich wie gelähmt war. Würde irgendjemand dieses Buch überhaupt lesen wollen?

Aus einer plötzlichen Eingabe heraus habe ich mein Handy vor mich gestellt und ein kleines Video gedreht. Darin habe ich meine Leser von früher gefragt, was sie von dieser Idee halten. Ich habe es auf Facebook gepostet und ...

... die Reaktion hat mich buchstäblich aus den Schuhen gekippt. Innerhalb einer Stunde gab es Hunderte Kommentare und Likes. Die Zustimmung war riesig. Bereits ein paar Tage später wurde im Radio und in Zeitungen über meine Idee berichtet, und es gab Abstimmungen, was die Leute von diesem Buch halten. Alle sind sehr positiv ausgefallen.

Also habe ich mich ans Schreiben gemacht. Gleichzeitig aber ist mir eingefallen, ich könnte doch alle, die früher Knickerbocker-Fans waren, in den Schreibprozess einbeziehen. So habe ich immer wieder auf Facebook nachgefragt, wie diese Fans sich zum Beispiel vorstellen, dass das Leben von Lilo, der Anführerin der Knickerbocker-Bande, weitergegangen ist. Wird aus dem Superhirn einer Bande automatisch ein glücklicher Mensch? Ich hatte da meine Zweifel, und viele andere auch, wie ich bald erfahren habe.

So ist auf Facebook ein Dialog entstanden, der mir viel Freude gemacht hat und völlig neu in meinem Leben war.

Gleichzeitig aber habe ich auch begonnen, auf Instagram die Insta-Story zu entdecken. Dort konnte ich Bilder posten und mit Texten versehen. Alles ging sehr einfach, und das war etwas, das ich schon als Kind gerne gemacht hätte. Zuerst habe ich vor allem über das Schreiben erzählt sowie darüber, was mir jeden Tag Freude macht.

Eines Abends habe ich in Gumpoldskirchen bei Wien eine Metallskulptur entdeckt, die eine Riesenreblaus darstellt. Dieses Insekt fürchten die Weinbauern, gleichzeitig aber gibt es auch Weinlokalen seinen Namen, weil es in einem alten Lied besungen wird, in dem ein Mann gerne eine Reblaus wäre, um so dem guten Wein immer nahe zu sein.

Mich hat die Skulptur an ein Tier aus einem uralten Horrorfilm erinnert, und ich habe Fotos und kleine Videos über meine Flucht vor dem »Monster« gemacht. Das wurde meine Story des Tages.

Am nächsten Morgen habe ich Wolken gesehen, die an ein UFO erinnert haben. So ist mir die Idee gekommen, wieder eine kleine Geschichte zu inszenieren. Ich habe das »UFO« gesucht und in meinem Garten zwei Pinguinskulpturen gefilmt, die ich seit vielen Jahren im Haus stehen habe.

Pinguine aus dem All, das sollten sie sein. Ich konnte sie gerade noch vertreiben, bevor sie die Erde erobert hätten.

Ein paar Tage darauf habe ich zum ersten Mal einen Krimi begonnen, in dem eine kleine Bronzefigur namens Glücksschwein eine Rolle spielte.

Das alles hat sich also entwickelt. Ich habe nicht so viel gedacht, sondern einfach getan, was mir selbst die größte Freude gemacht hat. Rückblickend war vieles einfach verrückt und ein wenig durchgeknallt. Aber das hat mich noch nie gekümmert.

Im März 2017 hatte ich 900 Follower auf Instagram, Ende August waren es 12 000, Ende des Jahres 38 000.

»Alte Geister ruhen unsanft« ist ein Hit geworden und sogar auf Platz 1 der Erwachsenenbestsellerliste gelandet. Zur Präsentation um Mitternacht (die ein Vorschlag von Leuten auf Facebook war) sind mehr als 600 Menschen erschienen. Es war einer der schönste Momente meines beruflichen Lebens.

Jetzt aber noch einmal zurück zum 31.12.2016 und dem Titel sowie der Inhaltsangabe zum neuen Jahr:

»Der positive Gedanke zuerst«

Fester Glaube an das Neue, neue Anfänge und Möglichkeiten, glaube an das Weitergehen, vertraue deinem Instinkt und deiner Intuition und denke weniger.

Wie ihr seht, habe ich genau das getan und das Drehbuch, das ich sehr roh und sehr theoretisch begonnen hatte, ist tatsächlich zu einer erfolgreichen Geschichte geworden.

Wichtig:

Wenn ihr euch einen Titel für ein neues Jahr ausdenkt, dann soll der Titel auch mit einer Weiterentwicklung in eurem Leben zu tun haben oder etwas ausdrücken, das euch wichtig erscheint und sich für euch gut anfühlt.

Die kurze Inhaltsangabe danach soll noch mehr illustrieren, was ihr erreichen wollt. Sie kann ruhig allgemein sein. Vor allem dann, wenn ihr nicht genau wisst, wie der Titel Wirklichkeit werden soll.

Lest euren Titel und die Inhaltsangabe immer wieder durch. Am besten einmal die Woche. Aber bleibt locker, und lasst dem Leben die Chance, den Film zu entwickeln.

Übrigens könnt ihr so einen Titel auch an einem Geburtstag für ein neues Lebensjahr festlegen.

Statt einfach alles laufen zu lassen, könnt ihr dem Jahr einen Titel geben, der ein neues Lebensgefühl und eine Weiterentwicklung ausdrückt. Die kurze Inhaltsangabe beschreibt noch genauer, in welche Richtung es gehen soll. Dann kann es losgehen!

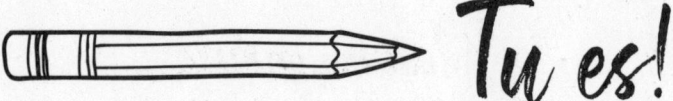

Tu es!

TITEL FÜR DAS JAHR 20 .... ODER

TITEL FÜR MEIN .... LEBENSJAHR

_____

INHALTSANGABE, WIE SIE SICH
ANFÜHLEN SOLL, WAS GESCHEHEN SOLL:

_____

_____

_____

_____

_____

Warum meine
To-do-Liste lächelt

*Ich brauche Struktur in meinem Leben, denn Chaos habe
ich schon genug im Kopf. Klassische To-do-Listen haben mich aber fertiggemacht, bis ich einen Trick herausgefunden habe, wie sie Freude machen können.*

Man kann mich durchaus als Kontrollfreak bezeichnen. Ich
habe die Dinge gerne im Griff (was öfters auch zu weit geht
und mich stresst), aber vor allem ist mir der Überblick wichtig.

Dinge, die da so über mir schweben und die ich nicht
richtig im Blickfeld habe, beunruhigen mich. Da ich an
den meisten Tagen auch viel tun möchte, brauche ich eine
Übersicht, was ich alles schaffen will.

So hatte ich lange Zeit eine »To-do-Liste«. To do, stand
da immer. Oder »Machen«. Darunter habe ich alles aufgelistet, wie zum Beispiel:

MACHEN:
- ☐ 3000 Wörter für Buch
- ☐ Anrufen: Name, Name, Name
- ☐ E-Mails
- ☐ Hundefutter

Irgendwann habe ich festgestellt, dass diese tägliche Liste mir zwar den Überblick gegeben, mich aber auch schrecklich genervt hat. Das »Machen!«, »Machen!«, »Machen!« hat für mich wie die Schreie eines Einpeitschers geklungen.

To do, to do, to do – das klingt noch härter, so, als würde jemand mit einem Schlägel auf eine Trommel an Bord einer römischen Galeere schlagen, damit die Sklaven im Takt rudern.

Sehr freudvoll war diese Auflistung auch nicht. Es waren lauter Befehle oder Vorgaben. 3000 Worte sind eine ganze Menge. Wenn ich die Anzahl nicht erreicht habe, dann habe ich mich geärgert, mir Vorwürfe gemacht und mich innerlich beschimpft.

Geblieben ist aber immer eines: der Wunsch, jeden Tag eine Menge zu schaffen, weil mir das einfach viel Freude bereitet. Vor allem, wenn ich mit einem Projekt weiterkomme, an dem ich gerade arbeite.

Um ehrlich zu sein: Die Tätigkeit des Schreibens macht mir nicht immer Freude. Ich finde das Tippen oft anstrengend und nervig und wünsche mir nichts mehr als eine direkte Leitung aus meinem Kopf in den Computer. Solange es die nicht gibt, muss ich weiter jeden Buchstaben schreiben, aber wenn ich 3000 Wörter geschafft habe, dann freue ich mich riesig. Es gibt mir ein Hochgefühl und einen Kick, und aus diesem Grund setze ich mich jeden Tag von Neuem an den Laptop.

Manche Telefonate würde ich lieber nicht führen, und E-Mails zu beantworten lenkt mich vom Schreiben ab, ist aber einfach nötig. Wenn ich auch diese Tagespunkte erledigt habe, ist es aber ein schönes Gefühl und eine Freude.

Deshalb habe ich heute keine To-do-Liste mehr, auch keine Liste mit dem Titel »Machen«.

Was ich an einem Tag tun will und muss, steht unter dem Titel:

»Heute zur Freude«

Auch wenn nicht jede Tätigkeit immer Freude macht und das Leben kein Bollywood-Film ist, so ist das Erreichen eines Zieles (und ist es auch noch so klein und scheinbar nebensächlich) ein Glücksmoment. Um diese Freude zu erleben, ist es wichtig, das Ziel schon im Vorhinein freudig zu formulieren. Wenn es dann erreicht ist, kann es ausgestrichen werden, und das bringt dieses herrliche Gefühl von »Ha! Geschafft!«. Dafür nehme ich mir immer Zeit (auch wenn es nur ein paar Sekunden sind) und spüre das »Ha! Herrlich!«-Gefühl.

Der Name »Heute zur Freude« hat aber auch mit der berühmten »sich selbst erfüllenden Prophezeiung« zu tun, die im Deutschen vor allem negativ gemeint ist.

Wenn ich ständig sage, dass eine Sache nicht gut gehen kann, dann ist es nicht verwunderlich, wenn sie eines Tages schiefläuft. Die Prophezeiung hat sich bewahrheitet, also selbst erfüllt.

Wenn das im Negativen klappt, warum dasselbe System nicht im Positiven nutzen, habe ich mir gedacht. Nennen wir alle Tätigkeiten eben: Heute zur Freude!

Statt mir Befehle zu erteilen, versuche ich jedem Punkt etwas Freundliches zu geben, ein Lächeln.

Also steht da:

☺ 3000 Wörter an neuem Buch schreiben

☺ Telefonieren mit …
..............., damit die Sache ins Rollen kommt,
.... und ihr/ihm sagen, dass wir sicher
weiterkommen, dazu aber …

☺ Für Joppy neues Hundefutter besorgen (wedel, wedel)

☺ Alle E-Mails beantworten (schon dringend jetzt!)

Als letzter Punkt kommt dann aber ein sehr wichtiger: die Belohnung.

Wenn ich den ganzen Tag beschäftigt bin, dann verdiene ich mir eine Belohnung. Das kann alles Mögliche sein: eine Extra-Folge auf Netflix schauen, ein gutes Glas Wein, Freunde treffen, einfach nur im Garten sitzen …

Meine Erfahrung: Ich schaffe jeden Tag wesentlich mehr, wenn ich eine solche »Heute zur Freude«-Liste erstelle.

Achtung:

Die »Heute zur Freude«-Liste macht die Arbeiten nicht weniger. Viele Tätigkeiten sind und bleiben mühsam, anstrengend und manchmal auch unerfreulich.

Aber

Wenn ich sie geschafft habe, freue ich mich! Also sind diese Tätigkeiten alle ein Weg zur Freude, ganz egal, wie sehr oder wie wenig ich sie machen will. Das Ziel vor Augen, fällt es mir viel leichter, mich durch diese Liste durchzuackern.

Ein paar Tipps:

☺ Es hilft wirklich, immer ein Verb zu jedem Projekt dazuzustellen. Also nicht nur:
»3000 Wörter«
sondern
»3000 Wörter schreiben«

☺ Meine »Heute zur Freude«-Liste habe ich auf dem Desktop meines Laptops auf einem virtuellen Notizzettel. Manche Tätigkeiten unterstreiche ich, andere hebe ich darauf fett hervor.

Wer lieber einen normalen Zettel verwendet und
mit der Hand alles aufschreibt – auch gut.

☺ Freude macht diese Liste doppelt und dreifach, wenn
ich jeden Punkt, den ich geschafft habe,
ausstreiche. Nicht einfach weglösche, sondern
ausstreiche. Oder markiere und aus-
schneide und ans untere Ende setze.

☺ Längere Zeit hatte ich ein eigenes Notizbuch, in
dem ich jeden Tag eine neue »Heute zur Freude«-
Liste auf einer neuen Seite begonnen habe. Natürlich
habe ich auch hier jeden Punkt durch-
gestrichen, der erledigt war.
Nach einem Monat so ein Buch durchzublättern
und zu sehen, was alles geschehen ist,
das macht Freude.

Da fällt mir noch was ein:
… wenn ich an einem Tag etwas nicht schaffe – was dann?
Solche Punkte wandern auf die Liste des nächsten Tages
und kommen an eine der obersten Stellen. Natürlich ist es
hilfreich zu überlegen, was ich besser machen muss, um
das Ziel morgen zu erreichen. Aber ich setze alles daran,
mich nicht zu beschimpfen, weil ich es an diesem Tag eben
noch nicht geschafft habe.

Und ganz besonders wichtig:

Wir haben eine Automatik im Kopf, uns für alles, was wir nicht gut oder gar nicht gemacht haben, zu beschimpfen. Das Loben der eigenen Leistung kommt nicht von allein. Wer damit große Schwierigkeiten hat, kann es einfach auch auf die Liste setzen. Es tut nämlich so gut.

Es hilft und beruhigt sehr, den Überblick über das zu haben, was wir an einem Tag schaffen wollen und sollen. Wichtig ist, uns selbst daran zu erinnern, dass es eine Freude ist, Ziele zu erreichen. Zu arbeiten ist oft anstrengend, und manche Tätigkeiten sind nicht als »Freude« einzustufen. Aber sie führen zu Zielen und Momenten, die uns freuen.

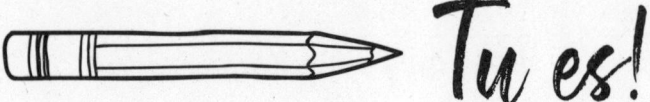

Tu es!

HEUTE ZUR FREUDE
(ODER EIN ANDERER FREUDIGER NAME FÜR DIE LISTE)

FREUE MICH, WENN ICH FOLGENDES GESCHAFFT HABE:

1) _____

2) _____

3) _____

4) _____

E-MAILS MIT EINEM LÄCHELN BEANTWORTEN
(AUCH WENN MIR NICHT DANACH IST)

ALLE ANRUFE FÜHREN WEITER:

1. _____

2. _____

3. _____

4. _____

MEINE BELOHNUNG HEUTE:

_____

(EINE LISTE VON BELOHNUNGEN AUFSTELLEN, DIE MICH
WIRKLICH FREUEN. SIE KÖNNEN WINZIG SEIN, HAUPT-
SACHE, SIE FÜHLEN SICH WIRKLICH NACH BELOHNUNG AN.)

Was mein Aktenkoffer mit einer schöneren Welt zu tun hat

Ich glaube, dass jeder von uns die Welt verändern kann.
Dafür brauchen wir keine große Bewegung zu gründen.
Die erste und wichtigste Veränderung beginnt
in unserer eigenen, kleinen Welt.

Meinem Aktenkoffer aus Leder habe ich den Namen »My little world« gegeben, »Meine kleine Welt« also. So war ich schon als Kind. Ich habe immer eine Tasche, einen kleinen Koffer oder einen anderen Behälter gehabt, in dem ich mir eine Art kleine Welt aus den Dingen gebaut habe, die darin aufgehoben waren.

Der Koffer, den ich derzeit verwende, ist über neunzig Jahre alt und hat einer der ersten selbstständigen Krankenschwestern Englands gehört, die für ihre Emanzipiertheit bekannt war. Das habe ich alles erst recherchiert, nachdem ich den Koffer in einem Antiquitätengeschäft gefunden und gekauft hatte. Anhand der Buchstabenkombination, die darauf eingraviert war, bin ich dann im Internet auf die Vorgeschichte meines Köfferchens gestoßen.

Der Koffer ist stabil, aber sehr handlich. Das Leder hat diese herrliche Patina. Ich habe in diesem Koffer alles dabei, was ich für meine Geschichten- und Schreibwelt benötige, damit ich es immer mit mir herumtragen kann. Mein Notizbuch, einen ganz besonderen Stift, ein iPad oder meinen kleinen, dünnen Laptop sowie ein eigenes Säckchen, in das ich meine Schlüssel gebe, damit sie beim Tragen des Koffers nicht hin- und herscheppern und etwas zerkratzen.

Ich habe auch ein persönliches Erinnerungsstück in meinem Koffer, das mir sehr viel bedeutet.

Alles, was in meinem Koffer steckt, bedeutet mir wirklich etwas und hat dort seinen festen Platz.

Natürlich gebe ich auch Unterlagen hinein, die ich an diesem Tag brauche. Oder Kataloge und Schriftstücke, die ich bekommen habe. Mein Handy hat darin Platz sowie ein Ladegerät, falls meinem Handy oder dem iPad der Saft ausgeht.

Alles, was sich in meinem Koffer befindet, hat Qualität. Das bedeutet nicht, dass alles darin wahnsinnig teuer ist, darum geht es mir überhaupt nicht. Aber ich will, dass gut gearbeitete, mit Liebe hergestellte Gegenstände mit mir unterwegs sind und mein unmittelbares Umfeld bilden.

Die Gegenstände in meinem Koffer sind genau die, die ich gerne darin haben möchte, und sie sind so angeordnet, wie ich sie gerne haben möchte. Das fühlt sich gut für mich an.

Ich bin viel unterwegs. Wenn ich im Zug oder im Flugzeug sitze, ist dieser kleine Koffer mein Schreibtisch. Ich kann ihn auf meinen Schoß legen und auf dem iPad oder einem kleinen Laptop darauf arbeiten. Außerdem habe ich immer einen kleinen Proviant in meinem Köfferchen, falls ich unterwegs oder bei der Arbeit Hunger bekomme.

Mit einem Wort: Es ist alles darin so eingerichtet, dass ich über eine kleine Welt verfüge, die zu mir gehört und die ich überallhin mitnehmen kann. Es ist eine Welt, in der ich mich zu Hause und sicher fühle.

Es gibt Leute, die all ihre Kraft darin investieren, die Welt als Ganzes zu verändern. Dann gibt es Leute, die sich für einzelne Themen, die ihnen wichtig sind, irrsinnig stark engagieren. Es gibt sogar Leute, die kämpfen und ihr Leben riskieren, um sich für eine gute Sache einzusetzen. Sie alle bewundere ich.

Zugleich gibt es aber auch sehr viele Leute, die sagen: »Was soll ich in dieser Welt mit meinen Taten schon für einen Unterschied machen?«

Darauf sage ich: Wir können etwas verändern, wenn wir unsere eigene kleine Welt schaffen. So wie ich meinen Koffer ausgewählt und für mich gestaltet habe, so kann ich auch mein Leben rund um mich gestalten. Das hängt nicht davon ab, ob ich in einem großen Haus, einer kleinen Wohnung oder einem winzigen Zimmer wohne. Es geht darum, dass ich meine unmittelbare Umgebung so einrichten kann, dass sie das ausstrahlt, was ich mir für die ganze Welt wünsche. Ich kann in diesem meinem unmittelbaren Umfeld eine Atmosphäre kreieren, die auf andere ausstrahlt. Dafür braucht es nicht viel Geld. Außer natürlich, wenn jemand sagt: »Für mein Wohlbefinden müssen alle Dinge, die mir gehören, mit Blattgold belegt sein.« Dann hat er Pech gehabt, wenn er nicht zufällig so viel Geld verdient, dass er sich das leisten kann. Aber selbst dann sollte er sich überlegen, ob seine Prioritäten die richtigen sind.

Auch in meinem Verhalten kann ich die kleine Welt, die sich in einem Radius von vielleicht hundert Metern rund um mich abspielt, so beeinflussen, dass sie so aussieht, wie ich sie mir vorstelle.

Diese Einstellung kann sich in tausend Kleinigkeiten ausdrücken, zum Beispiel in der Ansage auf der Mobilbox meines Handys. Meine eigene Mobilbox sagt: »Guten Tag. Wenn Sie mir etwas besonders Erfreuliches mitzuteilen haben, sprechen Sie jetzt, sonst legen Sie bitte wieder auf.«

Natürlich lacht jeder zunächst einmal darüber. Aber meiner Erfahrung nach dränge ich damit doch jeden dazu, die Nachricht, die er mir hinterlassen möchte, positiv zu formulieren. Die Leute tun das dann auch.

Natürlich betrifft das auch die Art und Weise, wie ich mich kleide, und auch dafür ist nicht viel Geld nötig. Viel wichtiger ist es, Kleidung zu finden, die mir beim Tragen ein wirklich gutes Gefühl gibt, in der ich den Eindruck habe, ich selbst zu sein, und das durch die Kleidung auch nach außen zu transportieren.

Warum ich glaube, dass das alles so wichtig ist? Weil ich überzeugt davon bin, dass es eine ungeheure Strahlkraft hat.

Ja, wir können die Welt verändern.

Und zwar am einfachsten, indem wir unsere kleine, persönliche Welt in allen Aspekten so gestalten, dass es eine Welt ist, in der wir uns sehr wohlfühlen und in die andere gerne zu Besuch kommen.

»Bei dir ist es aber schön ... Immer wenn ich dich sehe, fühle ich mich wohl, weil ...« Das sind Formulierungen, an denen wir erkennen können, dass unsere kleine Welt auf andere eine positive Wirkung ausübt.

Die Menschen, die mit uns in Kontakt treten, tragen diese Schwingungen weiter wie die Ameisen einen aufgenommenen Duftstoff. Vielleicht überlegen sie sich sogar: Eigentlich möchte ich das auch so machen, eigentlich würde ich auch gerne so leben. Oder es bringt mich auf die Idee, wie ich das gerne für mich hätte. Schon bildet sich wieder eine Zelle, deren Wirkung wieder auf viele andere Menschen ausstrahlen kann. Wie die Waben in einem Bienenstock kann so etwas entstehen, das größer und größer wird und schließlich eine spürbar positive Wirkung auf die gar nicht so kleine Welt ausübt, die wir alle gemeinsam haben.

Muss das immer so große Kreise ziehen? Nein, muss es nicht. Es reicht auch schon, wenn nur wir selber mit unserer kleinen Welt Freude haben, auch das ist schon viel. Es ist auf jeden Fall besser, als so zu leben, wie wir es eigentlich nicht wollen, an uns herumzumäkeln und gleichzeitig noch unglücklich zu sein im Wissen, auf den großen Weltlauf keinen Einfluss nehmen zu können.

»Wenn du die Welt verändern willst, verändere dich selbst«, das hat schon Mahatma Gandhi gesagt. Das mindert überhaupt nicht den Respekt für die Menschen, die es sich zum Ziel setzen, die Welt möglichst direkt und sofort zu verändern, große Bewegungen in die Welt zu setzen. Aber auch sie fangen oft bei sich selbst an. Sie machen sich zu einem Beispiel, das andere inspiriert. Daraus springt der Funke auf so viele andere über.

Wichtig:

Die kleine Welt, die ich meine, ist keine Flucht ins Private oder neues Biedermeier. Es geht darum, bei euch selbst ANZUFANGEN und nicht daran zu verzweifeln, dass ihr an der großen, weiten Welt und »der Gesellschaft« nichts ändern könnt.

Noch wichtiger:

Am Bau seiner kleinen Welt zu arbeiten heißt auch nicht, neurotisch darauf zu achten, dass alles perfekt ist, um es anderen präsentieren zu können. Es geht darum, euch eine Umgebung aufzubauen, die Kraft und ein gutes Lebensgefühl gibt. Diese Freude, das Wohlbehagen und eure Leidenschaft dabei, strahlt heller als tausend Theorien.

Ein Leuchtfeuer an eigener Lebensfreude zu schaffen, indem wir uns unsere kleine Welt bauen, ist die beste Möglichkeit, die wir haben, auf andere positiv einzuwirken. Und es macht auch noch glücklich.

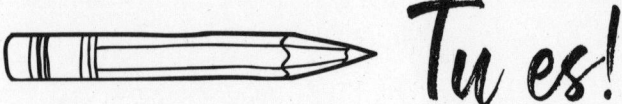

Tu es!

WAS KANN ICH SELBST JEDEN TAG BESSER MACHEN,
UM MIR UND ANDEREN MENSCHEN MEHR FREUDE
ZU BEREITEN?

1) _____

2) _____

3) _____

WAS KANN ICH 30 METER RUND UM MICH VERBES-
SERN, DAMIT MEINE WELT NOCH SCHÖNER WIRD?

1) _____

2) _____

WIE WILL ICH AUF ANDERE WIRKEN?
WENN MICH JEMAND BESCHREIBT, DER SICH BEI MIR
SEHR WOHLGEFÜHLT HAT, SOLL ER SAGEN ...

_____

_____

WELCHE MENSCHEN SIND FÜR MICH VORBILD,
WEIL SIE EIN FREUDIGES LEBEN FÜHREN?
WAS MACHEN SIE GUT?
WAS KANN ICH MIR VON IHNEN ABSCHAUEN?

_____

_____

Welche vier Worte für mich alles leichter und schöner machen

Es gibt vier Worte, die mein Leben verändert haben.
Ich habe sie als Schild auf meinem Schreibtisch, in meinem
Handy als Erinnerung und sogar auf
einem Schlüsselanhänger eingraviert.

Die vier Worte helfen mir, wenn es schwierig wird. Sie helfen mir, wenn es laut wird, weil ich eine Baustelle vor dem Haus habe. Sie helfen mir, wenn mich etwas schrecklich aufregt. Sie helfen mir, wenn wir etwas wehtut. Sie helfen mir, wenn ich etwas nicht erwarten kann und deshalb sehr ungeduldig bin. Sie helfen mir einfach in allen Lebenslagen.

Diese vier Worte helfen mir aber nicht nur bei Schwierigkeiten, o nein. Diese vier Worte machen auch alles Schöne noch viel, viel schöner.

Wie diese vier Worte lauten?

Auch das geht vorbei.

Jetzt denkt sich mancher sicher: »Spinnt der?! Das soll so großartig sein? Diese vier Worte sollen Wunder bewirken?«

Ja. Mehr ist es nicht:

Auch das geht vorbei.

Was diese vier Worte können, möchte ich an einem Beispiel erklären. Es geht darin um meinen kleinen Hund Joppy. Vor einiger Zeit habe ich beschlossen, dass ich gerne wieder einen Hund in meinem Leben haben möchte. Wenn ich daran gedacht habe, habe ich mir einen sehr lieben und lustigen Hund vorgestellt, der ein richtiger Kumpel ist, eine starke Persönlichkeit hat, mich mit seiner Lebendigkeit jeden Tag herausfordert und vor allem gesund ist.

Daran habe ich ganz fest gedacht, und – das Leben hat mich zu einem Jack-Russell-Welpen aus einer sehr, sehr guten Zucht geführt. Dort wird ganz besonders auf Charakter und Gesundheit der Hunde geachtet. Ich habe mir dort aus einem Wurf einen Welpen ausgesucht, den ich mit neun Wochen mit nach Hause nehmen durfte, und habe ihn »Joppy« getauft. Unglaublich, wie süß so ein kleiner Welpe sein kann, der am Anfang kaum größer als zwei Hände ist.

Der kleine Kerl hat mich und meinen Mann Ivo zum Lachen gebracht, uns unterhalten – und er hat uns in die totale Verzweiflung getrieben. Ein Welpe ist nämlich nicht nur süß. Ein Welpe weckt dich auch zwei- bis dreimal pro Nacht auf, weil er hinausmuss. Dann musste ich ihn nehmen und im Pyjama mit ihm in den tief verschneiten, eiskalten Garten vor unserem Haus hinausstapfen, damit er sein Geschäft erledigen konnte. Danach wieder zurück ins Haus und schnell unter die Bettdecke, nur um drei Stunden später von Joppys Jammergeräuschen geweckt zu werden, weil er schon wieder musste ...

So ging das Nacht für Nacht für Nacht, bis mein Schlafmangel gefährlich anwuchs und sich in Missmut verwandelte.

Joppy hingegen war natürlich nach wie vor lustig. Nur manchmal bedeutete das Lustigsein, dass er in der Wohnung herumsauste, die Lammfelle von den Sesseln beim Esstisch fetzte, zur Zimmertanne raste, um ihr die Äste herunterzureißen, und wenige Sekunden später schon beim Zimmerbrunnen war, um daraus zu trinken, und von dort direkt zu den Stuhlbeinen zu sprinten, um sie abzunagen.

Es hat mich einfach wahnsinnig gemacht. Außerdem ist Joppy trotz vieler Versuche lange Zeit nicht sauber geworden. Er hat einfach nicht kapiert, dass das Haus keine Toilette ist und dass er sein Geschäft im Freien erledigen soll.

Jede Nacht mehrmals aufzustehen, im Haus immer wieder kleine, unliebsame Überraschungen zu finden und dann beim Spazieren auch noch seine liebe Not mit einem unfolgsamen Hund zu haben: Das war eine ganze Menge.

Ein guter Freund hat mir damals einen schönen Spruch mitgegeben: »Es ist völlig normal, einen Welpen manchmal aus dem Fenster werfen zu wollen. Es ist nur nicht normal, es wirklich zu tun.«

Obwohl ich kurze Zeit das Gefühl hatte, dass die Anschaffung dieses Hundes der größte Fehler meines Lebens gewesen ist, habe ich mich dann an die vier Worte erinnert, von denen dieses Kapitel handelt.

Auch das geht vorbei.

Kaum hatte ich es geschafft, mich ein wenig zu entspannen und meine Gedanken von all dem wegzubewegen, was Joppy können, lernen und machen muss, habe ich die Sache nicht mehr ganz so dramatisch gesehen. Der »Oh nein!«-Moment und der »Was für eine Katastrophe!«-Moment sind auf einmal weggefallen, und ich konnte meine Situation ein bisschen ruhiger und nüchterner betrachten.

Und dann geschah das Überraschendste: Innerhalb weniger Tage konnte ich feststellen, wie Joppys Verhalten sich verändert hat. Er schlief in der Nacht auf einmal acht Stunden durch, ging in den richtigen Momenten ins Freie und wurde insgesamt folgsamer und braver, ohne dabei irgendetwas von seiner Lebendigkeit einzubüßen.

Auch das geht vorbei.

Diese vier Worte haben mich beruhigt. Und aus meiner Erfahrung kann ich nur sagen, dass diese Beruhigung oft der entscheidende Anstoß ist, um Probleme zu lösen und anstrengende Lebensphasen zu meistern. Ob diese Phasen dadurch wirklich schneller vergehen, weiß ich nicht. Aber zumindest fühlt es sich so an, weil ich dann nicht mehr die ganze Zeit damit beschäftigt bin, mir selbst einzureden, dass das alles sich bestimmt niemals ändern wird, und gleichzeitig jede Minute zu kontrollieren, ob sich vielleicht doch schon etwas geändert hat.

Ich habe mir die vier magischen Worte aber noch aus einem anderen Grund ständig vorgesagt. Ein Welpe bleibt nicht ewig klein. Jeden Tag wächst er und wird größer. Viele Dinge, die am Anfang ungeheuer süß an ihm sind, gehen schneller vorbei, als es einem in seinen Welpen verliebten Hundebesitzer lieb sein kann.

Der kleine Hund in meinen beiden Händen, der so winzig war, ist inzwischen groß geworden.

Auch das geht vorbei.

Das ist nicht nur ein Trost, das sind nicht nur Worte der Beruhigung. Es ist auch eine ständige Erinnerung daran, wie vergänglich alles Schöne ist, das uns umgibt, ja, wie vergänglich wir letzten Endes auch selbst sind.

Weil ich mich immer wieder bewusst an diese vier Worte erinnert habe, habe ich alles, was an diesem Welpendasein so schön war, noch mehr genossen, mich noch mehr daran erfreut, bewusst hingeschaut und gelächelt. Immer wieder habe ich mir gedacht: »Ist das nicht lieb und herrlich? Ich werde das in meinem ganzen Leben nie vergessen.«

Nutze die Zeit, und genieße das Glück und die Schönheiten, die dich umgeben. Nimm die Menschen, Tiere und Dinge um dich nicht als Selbstverständlichkeiten hin, und geh nicht achtlos und griesgrämig an ihnen vorbei. Wir alle glauben intuitiv, dass alles so bleibt, wie es ist, aber das ist ein Riesenirrtum. Alles ändert sich, alles vergeht, das Gute wie das Schlechte.

Inzwischen ist Joppy erwachsen geworden und hat sich zu einem richtigen Prachthund entwickelt. Die schwierige Zeit mit ihm ist vorbei.

Auch das geht vorbei.

Diese vier Worte haben meiner Meinung nach den Nobelpreis verdient. Für mich sind sie ein Zauberspruch geworden.

Meine Erkenntnisse:

☼ Gutes wie Schlechtes ist vergänglich.
Wenn wir uns diese Tatsache immer wieder
bewusst machen, wird unser Leben im
Alltag leichter und glücklicher.

☺ Manche Probleme müssen wir aktiv lösen.
Vieles im Leben löst sich aber auch ganz
von alleine, wenn wir nur ein bisschen Geduld haben.

☺ Auch alles Schöne und Wunderbare geht vorbei. Auch Momente, in denen das Leben einfach ist und dahingleitet, dauern nicht ewig. Sie gehen vorbei, und deshalb ist es am besten, wenn wir sie in vollen Zügen genießen, solange sie da sind.

Und noch einmal: AUCH DAS GEHT VORBEI. Vier Worte, die helfen, beruhigen und Freude verdoppeln! Mehr kann man von vier Worten wirklich nicht wollen.

Tu es!

MIR HILFT ES OFT, MICH ZU ERINNERN, WAS ALLES
VORBEIGEGANGEN IST.
WAS IST DIR ENTSETZLICH ERSCHIENEN, ABER NUN
IST ES VORBEI?

AUFGEREGT HAT MICH _____
ABER ES IST VORBEI.

DAMALS DACHTE ICH _____
GEHT NIE VORBEI.
ABER ES IST VORBEI.

MIR HAT ES SO WEHGETAN, _____
ABER ES IST VORBEI.

ALS ICH MITTEN IN _____
WAR, DACHTE ICH, ICH HALTE ES NICHT AUS.
ABER JETZT IST ES VORBEI.

WAS TUT SICH RUND UM DICH, DAS VORBEIGEHT?
WAS WILLST DU MEHR GENIESSEN UND AUFMERKSAMER VERFOLGEN?

DA WÄRE

_____

UND AUSSERDEM

_____

ICH WILL MITERLEBEN, WIE

_____

ICH SCHAUE GENAUER HIN

_____

Mehr Freude mit Arbeit & Co.

Wie ich die Angst vor dem Anfang überwinde

Weil ich Schriftsteller bin, werde ich öfters gefragt, wie ich mit Schreibkrisen umgehe. Die Leute, die mich das fragen, stecken meistens selber in einer und hoffen, dass ich ihnen einen Tipp geben kann, wie sie mit ihrer Diplom-, Master- oder anderen Uniarbeit fertig werden können.

»Ich stecke einfach fest und kann mich nicht motivieren«, höre ich dann oft. »Hast du nicht irgendwelche Tipps?«

Nun ja, ich habe in meinem Leben bisher mehr als 550 Bücher geschrieben. Deshalb kann ich zu diesem Thema hier und jetzt einige schockierende Enthüllungen aus meinem Schriftstellerleben preisgeben.

Manche Leute denken nämlich, mein Alltag läuft so ab: Ich wache in der Früh auf, springe aus dem Bett, stürze an den Computer und tippe voller Freude bis zum Abend in einer Tour durch. Und pardauz, schon ist wieder ein halbes Buch fertig. Nur so, denken die Leute, kann ein Mensch einen so hohen Output an Büchern in seinem Leben produzieren.

Als ich vor knapp dreißig Jahren mit dem Schreiben begonnen habe, da habe ich manchmal wirklich so gearbeitet. Ich habe nur so vor mich hin getippt, mich für unbesiegbar und den Allerbesten gehalten. Jede Geschichte eine Sensation. Ich hatte überhaupt keine Zweifel.

Jetzt kommt aber das Erstaunliche und Unglaubliche: Je mehr Bücher ich geschrieben habe, desto langsamer bin ich geworden.

Und warum? Weil es in meinem Kopf diese Stimmen gibt, die sagen: »Bist du dir sicher, dass du das kannst? ... Also, ich bin nicht sicher, ob das eine gute Geschichte ist ... Ob deine Leser nicht vielleicht enttäuscht sein werden? ... Das könnte wieder harte Kritik für dich geben ... Ist das wirklich eine neue Idee? ... Ich weiß nicht, ob dieser Stil so passt ...«

Diese Stimmen sind mit den Jahren immer mehr und immer lauter geworden. Sie machen mich manchmal wahnsinnig und das Arbeiten richtig beschwerlich.

Wenn ich deshalb heute ein Buch schreibe, dann läuft das, vor allem am Anfang, manchmal so ab:

In der Früh setze ich mich an den Computer, schaue auf den Bildschirm, und dann ...

... stehe ich erst einmal wieder auf, um mir einen guten, frischen Espresso zu holen. Ich setze mich wieder hin, schaue auf den Bildschirm, und dann ...

... stehe ich noch einmal auf, um mir noch ein Glas Wasser zu holen. Dann setze ich mich wieder hin, schaue auf den Bildschirm und ...

... spiele erst einmal ein bisschen Backgammon.

Ja, ich fange einfach nicht an. Weil da in mir eine Angst ist, ob das wirklich gut ist. Ich, Thomas Brezina, Autor von mehr als 550 Büchern, habe doch tatsächlich manchmal Angst anzufangen.

Was tue ich dann? Gebe ich auf, verzweifle ich?

(Ja, ich verzweifle manchmal.)

Aber ich gebe nicht auf!

Stattdessen setze ich mir ein Tagesziel,
eines, das wirklich erreichbar ist.

Bei mir sind das am Anfang eines Buches zum Beispiel 2000 bis 2500 Wörter, die ich an einem Tag schreiben möchte. Wenn ich in der Geschichte dann schon fortgeschritten bin, steigere ich dieses Ziel auf 3500, 4500, ja, manchmal sogar 5000 Wörter, die ich mir an einem Tag zu schreiben vornehme. Diese Zahl versuche ich dann auch wirklich einzuhalten.

Unter meinem Tagesziel, das ich auf einem Notizzettel auf meinem Desktop notiere, steht aber auch die Belohnung, die ich bekomme, wenn ich das Ziel erreicht habe. Das kann alles Mögliche sein: Von einer Folge einer TV-Serie bis zum Essen meiner Lieblingsspeise oder einem kleinen Geschenk, das ich mir dann besorge.

Aber jetzt kommt das Wichtigste: All das dient nur dazu, mich dazu zu bringen, endlich anzufangen. Ich motiviere mich damit, mich wirklich hinzusetzen und mit dem Schreiben zu beginnen. Ist es nicht gut, dann überlege ich mir einfach, was ich besser machen kann, und lösche den misslungenen Teil, ohne lange zu zögern.

Wenn ich dann einmal im Schreiben bin, liegt das Schwerste schon hinter mir. Dann kommt meiner Erfahrung nach irgendwann der Punkt, wo ich in den sogenannten Flow kippe. Auf einmal laufen die Ideen im Hinterkopf von ganz alleine. Dann schreibe und schreibe und schreibe ich.

Zusätzlich gönne ich mir pro Arbeitstag eine Minute, in der ich mir genau vorstelle, wie das fertige Buch am Ende aussehen wird.

Wie wird es aussehen, wie wird es sich gedruckt und gebunden anfühlen, wie wird es riechen? Ich stelle mir den Moment vor, in dem das Buch aus der Druckerei kommt und ich es das erste Mal in meinen Händen halte. Ich stelle mir auch vor, wie Menschen, die das Buch gelesen haben, mir davon erzählen, wie es ihnen gefallen und sie unterhalten hat.

Das tut richtig gut.

Wenn ich mein Tagespensum dann erreicht habe, egal, wie groß oder klein es gewesen ist, dann lobe ich mich, und zwar nicht zu knapp. »Hey, das hast du heute richtig gut gemacht. Morgen läuft es sicher wieder genauso.«

Und wenn der Tag aber die totale Pleite war? Dann hole ich tief Luft und sage zu mir selbst: »Okay, auch solche Tage gibt es. Jetzt ist es Zeit hinauszugehen, das Hirn auszuschütteln und auf andere Gedanken zu kommen. Morgen ist ein neuer Tag, an dem es bestimmt besser laufen wird.«

Wichtig:

Meine Erfahrung mit echten Schreibblockaden lautet, dass sie mit Müdigkeit zu tun haben. Der Körper und das Hirn schalten ab, weil es einfach nicht mehr geht. Entspannen, ausruhen, sich etwas Gutes tun und dann wieder versuchen.

Tipps, um die Angst vor dem Anfangen zu überwinden:

☺ Papier und einen Stift zur Hand nehmen, den ihr sehr gerne habt, und dann einfach drauflos schreiben. Ideen notieren. Mindmaps zeichnen. Manches in bunten Farben unterstreichen oder umkreisen. Dieses lockere Schreiben und Notieren löst bei mir so manche Blockade und lässt die Ideen wieder fließen. Außerdem kann die berühmte Angst vor dem weißen Blatt dadurch zum Verschwinden gebracht werden.

☀ Wenn ihr ein Buch oder eine lange Arbeit schreibt, könnt ihr portionieren. Wenn die Textmenge, die ihr schaffen müsst, euch zu groß erscheint, hilft es oft, sie besser zu strukturieren:

Überlegt euch, wie viele Kapitel zu welcher Länge ihr benötigt, und gebt den Kapiteln Namen sowie eine ganz kurze Inhaltsangabe. Fangt erst mit dem Schreiben an, wenn ihr diese Struktur fertig habt.

☺ Kleine Einheiten sind leichter zu schaffen als große. Bei einem Tagesziel geht es in erster Linie um Regelmäßigkeit. Wenn ihr pro Tag nur 500 Wörter schafft, das aber tagtäglich durchzieht, kommt ihr ebenso ans Ziel. Wichtig ist das tägliche Erfolgserlebnis, wieder ein Stück eurer Arbeit geschafft zu haben.

Die Vorstellung wie sich das fertige Projekt anfühlen wird, wie groß die Freude und die Befriedigung sein werden, sowie das Aufteilen der Arbeit in Etappen und Tagesziele helfen mir persönlich immer, um in Schreibschwung zu kommen. Euch vielleicht auch?

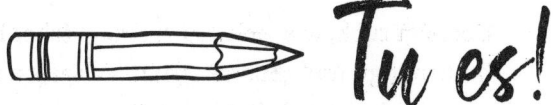 *Tu es!*

1) WIE WIRD ES SEIN, WENN DAS PROJEKT FERTIG IST?
WIE WERDE ICH MICH FÜHLEN? WIE WERDE ICH FEIERN? MIT WEM?

_____

_____

2) WANN FANGE ICH AN, WANN WILL ICH FERTIG SEIN?
(NIMM DEN ARBEITSBEGINN GRUNDSÄTZLICH IMMER ZWEI ODER DREI
WOCHEN FRÜHER AN ALS NÖTIG. DAS GIBT DIR EINEN PUFFER.)
STELLE DIR IMMER VOR, DER ABGABETERMIN WÄRE SCHON ZWEI
WOCHEN FRÜHER, UND PEILE DIESEN TERMIN AUCH AN.

_____

_____

3) MEIN ARBEITSPLAN

SCHRITT 1: _____

SCHRITT 2: _____

SCHRITT 3: _____

4) WOMIT BELOHNE ICH MICH, WENN ICH EINEN TAG GUT GEARBEITET HABE? WAS IST DIE BELOHNUNG, WENN ICH DAS PROJEKT FERTIG HABE?

_____

_____

Wie das Hinterteil des Erfolges aussieht

Meine größten Erfolge haben ein sehr einfaches Geheimnis. Meine Misserfolge allerdings auch.

Als 16-Jähriger habe ich mich im Sommer hingesetzt und fünf Drehbücher für eine Puppentheater-Serie geschrieben. Damit habe ich einen großen Jugendwettbewerb gewonnen. Der Grund für das Schreiben der Geschichten war für mich nichts anderes als pure Freude.

Später, als ich das Angebot bekam, Gute-Nacht-Geschichten und Hörspiele für das Radio zu schreiben, habe ich mir überlegt, was ich als Kind gerne gehört hätte. Genau so habe ich es dann erzählt.

Meine Bücher sind allesamt Bücher, die ich selbst als Kind gerne gelesen hätte. Mehr als das, es sind Bücher, denen ich das größte Kompliment hätte zukommen lassen, das ich als Kind zu vergeben hatte: Ich hätte sie in mein Baumhaus mitgenommen.

Bis heute steht auf meinem Schreibtisch ein Schild mit der Erinnerung:

Schreib Baumhausbücher!

Wenn ich neue Ideen für Buchserien entwickelt habe, habe ich zuerst einmal das Kind in mir befragt. Zum Glück habe ich einen guten und sehr offenen Zugang zu diesem Kind von früher, kann seine Freuden, aber auch seine Schmerzen und Enttäuschungen spüren.

Allerdings habe ich mich nicht nur darauf verlassen. Ich habe in befreundeten Familien ganz nebenbei ein paar Worte über meine neuen Ideen fallen gelassen und beobachtet, ob sie zum Aufhorchen und Nachfragen anregen oder eher gleichgültig übergangen werden.

Meine Serie rund um ein starkes Mädchen, das sich für Tiere einsetzt, sollte zuerst heißen:

»Pennys Tierclub Tigerzahn«

Niemanden hat das groß interessiert.

Bei einem Spaziergang mit meinem damaligen Hund Putzi, einer Tibetischen Tempelhündin, habe ich den Nachbarn mit seinem Berner Sennenhund getroffen. Als die beiden Hunde nebeneinander gestanden sind, ist mir aufgefallen, dass sie zusammen sieben weiße Pfoten hatten. Der Titel war geboren.

»Sieben Pfoten für Penny«

Meine größten Erfolge sind alle entstanden, weil ich etwas gemacht habe, das sich für mich gut angefühlt hat. Etwas, das ich unbedingt erzählen wollte, das mir Spaß gemacht hat und woran ich immer wieder neue, interessante Seiten entdecken konnte.

Bis heute stelle ich mir vor, wie ein mittelalterlicher Geschichtenerzähler vor meinem Publikum zu sitzen und die Bücher zu erzählen. Habe ich das Gefühl, die Leute hören mir zu, schreibe ich auch alles so hin. Sonst ändere ich den Text.

Der berühmte Tom Turbo war in seiner Erstfassung übrigens ein sprechendes Pferd. Die Serie sollte den Titel »Karo, Klipp und Klaro« tragen. Ich habe mir damals gedacht, dass Kinder Pferde gerne mögen und ein sprechendes Pferd als Detektiv doch eine lustige Sache wäre. Der Titel war auch noch ein schönes Wortspiel – perfekt.

Dann habe ich mich an den Schreibtisch gesetzt ... und mir ist nichts dazu eingefallen. Ich habe mich mit dem ersten Buch ohne Ende herumgequält, und es ist nicht wirklich gut geworden. Also bin ich spazieren gegangen, um meinen Kopf auszulüften. Dabei habe ich zufällig Kinder auf Fahrrädern gesehen und mich spontan an das Fahrrad meiner Kindheit erinnert. Ich hatte immer davon geträumt, dass mein Fahrrad sprechen, fliegen, tauchen kann, habe tausend Sachen darauf montiert, um es noch toller und spezieller zu machen.

Wieder zu Hause, habe ich mich hingesetzt und ohne nachzudenken notiert: »Tom Turbo ist ein sprechendes Fahrrad, das fliegen kann, tauchen kann und 111 Tricks beherrscht.« Kurz darauf habe ich das erste Tom-Turbo-Buch geschrieben, in dem die Kinder immer noch Karo und Klaro hießen. Statt des sprechenden Pferds war da jetzt aber das

Fahrrad Tom Turbo. Das hat sich richtig angefühlt. Ich hatte das Gefühl, Kinder hören mir zu, wenn ich ihnen aus den Büchern vorlese.

Diesen Grundsätzen bin ich nicht immer treu geblieben. In Zeiten, zu denen es bei mir nicht so gut gelaufen ist, habe ich mir überlegt, was ich machen könnte, damit ich mehr Erfolg habe. Was läuft derzeit besonders gut? Wie muss ich schreiben, wie schreiben andere erfolgreiche Autoren?

Ich habe also versucht, dem Erfolg hinterherzulaufen. Das aber funktioniert nicht.

Ich habe einen guten Freund in England, der ein sehr erfolgreicher Theaterregisseur ist. Er hat in London ebenso inszeniert wie am New Yorker Broadway. Wenn er irgendwo einen großen Erfolg hat, kommt danach immer ein Produzent zu ihm und sagt: »Ich will auch etwas haben, das genauso ist wie das, was Sie hier gemacht haben.«

Mein Freund sagt darauf jedes Mal: »Ganz sicher nicht. Dass das ein Erfolg war, heißt überhaupt nicht, dass eine Kopie davon wieder ein Erfolg sein würde.«

Auch dieser Freund hat oft zu mir gesagt: »Wenn wir dem Publikum hinterherlaufen, sehen wir nur sein Hinterteil. Wir müssen vor dem Publikum laufen, uns umdrehen und den Menschen in die Augen schauen.«

Deswegen sage ich: Erfolg er-folgt. Er folgt darauf, dass du etwas machst, was du mit deiner vollen Leidenschaft und deinem gesamten Können ausfüllst.

Wird alles, was du mit Leidenschaft und Können erfüllst, ein Erfolg? Leider nein.

Allerdings muss jeder auch für sich definieren, was er will und was Erfolg daher für ihn bedeutet. Ich wollte immer Geschichten für möglichst viele Menschen erzählen. Das war mir wichtig.

Das bedeutet nicht, dem Publikum hinterherzurennen. Wenn ich meine Geschichte aber, bildlich gesprochen, auf Lateinisch erzähle, dann darf ich mich nicht darüber wundern, dass ich damit nur einen kleinen Kreis an Personen erreiche. Das heißt überhaupt nicht, dass die Geschichte deswegen schlecht ist. Es heißt aber, dass ich mir das mögliche Publikum schon von vornherein sehr klein gemacht habe.

Wenn ich viele Menschen erreichen will, dann muss ich als Autor einen Stil wählen, den auch viele Menschen verstehen. Auf solche Dinge heißt es natürlich Rücksicht nehmen. Das hat aber nichts mit Anbiedern zu tun, wie das so schön genannt wird. Es bedeutet, Respekt vor dem Publikum und vor dem eigenen Feingefühl zu haben, wie ich das Publikum am besten erreichen kann.

Aber im Endeffekt geht es immer darum, das zu machen, was ich aus tiefster Leidenschaft und Freude machen will.

Nun wird vielleicht jemand sagen: »Ja, du hast es ja gut, du bist Schriftsteller. Das ist ein kreativer Beruf, da ist das ja so einfach, seiner Leidenschaft zu folgen.«

Nein, ich glaube nicht. Für mich ist eine Klofrau, die ihre Toilettenanlagen führt wie ein Luxushotel (so einer bin ich wirklich begegnet), ein leuchtendes Beispiel für Erfolg im Leben. Wenige Menschen haben das Berufsziel Klofrau. Aber es gibt Klofrauen, die jeden Tag lächeln, ihre Kundschaft gut gelaunt begrüßen, alles picobello sauber halten, und wenn du sie ansprichst, dann sagen sie: »Wissen Sie, wen ich hier schon alles kennengelernt habe ...«, und dann erzählen sie dir von allen Prominenten, die sie bereits zu Gast hatten, von schrulligen Leuten und von Vorfällen, die einfach unglaublich sind.

Erfolg ist es auch, seine Tätigkeit, so viel oder so wenig Prestige sie haben mag, mit Leidenschaft auszuüben.

Mein Vater war Arzt. Seine Leidenschaft war das Heilen von Patienten. Er hat immer zu mir gesagt:

> »*Tu das, was du im Leben wirklich tun*
> *willst. Das Geld wird folgen.*«

Ich weiß, dass er selbst in seinem Leben einige Entscheidungen getroffen hat, die dazu geführt haben, dass er weniger Geld als vorher verdient hat. Dafür konnte er aber das tun, was ihn wirklich interessiert hat. Er konnte sich wissenschaftlicher Arbeit und der Heilung seiner Patienten mit ganzer Kraft widmen. Am Ende seiner Tage war mein Vater ein mehr als wohlhabender Mann.

Fast jeden Tag fahre ich an einem Konfektgeschäft vorbei. Der Mann, der das Geschäft führt, hatte sein Leben lang keinen größeren Wunsch, als Schokolade zu machen. Jedes Mal, wenn ich das Geschäft betrete, verlasse ich es mit Unmengen an Schokolade, weil dieser Mann so strahlt und so glücklich ist, dass ich einfach nicht Nein sagen kann.

So entsteht Erfolg. Es sind nicht nur die Traumberufe. Es kommt aus dem, was wir wirklich wollen und deshalb auch gut können.

> *Erfolg er-folgt. Meistens dann, wenn wir etwas mit ganzer Leidenschaft und all unserem Können tun. Wenn wir den Erfolg konstruieren oder erzwingen wollen, ihm hinterherlaufen, sehen wir nur sein Hinterteil. Danke, nein!*

Tu es!

STELL DIR VOR, DIE GUTE FEE KOMMT UND WINKT MIT EINEM KOFFER
VOLLER GELD. DU BEKOMMST IHN, ABER DU MUSST IHR GLAUBHAFT
SCHILDERN, WAS DU AM ALLERLIEBSTEN IM LEBEN TUN MÖCHTEST.
FÜR WEN ODER MIT WEM MÖCHTEST DU AM LIEBSTEN ARBEITEN?
WIE SOLL SICH DEINE ARBEIT ANFÜHLEN? DEIN ARBEITSTAG?
DAS, WAS DU TUST UND MACHEN KANNST?

_____

_____

_____

_____

STELL DIR VOR, EINE FREUNDIN ODER EIN FREUND ERZÄHLT VON
DIR UND DEINEM WUNDERBAREN ERFOLG. WAS SOLL ER ODER SIE ÜBER
DICH ERZÄHLEN – IN EINEM JAHR, IN FÜNF JAHREN, IN ZEHN JAHREN?
WIE KÖNNTE SICH DAS ANHÖREN?
WIE BESCHREIBT ER ODER SIE DICH BEIM ARBEITEN UND DARIN,
WIE DU AN DIE DINGE HERANGEHST?

Wann Rackern wirklich gut ist

Ich schreibe keineswegs jeden Tag mit größter Freude. Es gibt auch andere Tätigkeiten, die ich über- haupt nicht gerne mache. Aber es gibt einen Trick, mit dem sie alle viel leichter fallen.

Dass das ganze Leben immer mit Freude und Glück erfüllt sein soll, ist einer unserer größten Irrtümer. Ein Irrtum, der ziemlich frustrierend sein kann und unglücklich macht. Der Traum, dass die tägliche Arbeit immer nur Sonne, Won- ne, Waschtrog ist, ist nur Schaum (weil es doch so schön heißt: Träume sind Schäume). Trotzdem arbeite ich gerne und viel.

Der Grund dafür ist das Ziel, das ich erreichen will.

Meine Ziele fühlen sich für mich einfach herrlich an. Ich begeistere gerne Menschen mit meinen Geschichten, ganz egal, in welcher Form ich sie erzähle. Mir ist immer wich- tig, mein Publikum vor Augen zu haben, und nur wenn ich das Gefühl habe, das Publikum wirklich zu erreichen, schreibe ich die Sätze auch so hin.

Meine Tagesziele sind eine bestimmte Anzahl von Wör- tern, die ich geschrieben haben möchte. Meine großen Zie- le sind Bücher, Drehbücher, Konzepte oder Artikel.

*Allein die Vorstellung, diese Ziele erreicht zu
haben, begeistert mich und gibt mir ein
Gefühl von Freude, wohliger Zufrieden-
heit, Stolz, Ruhe und Befriedigung.*

Dafür nehme ich in Kauf, jeden Tag Stunden zu sitzen und zu tippen. Manchmal starre ich auch nur vor mich hin, weil mir nicht viel einfällt. Manchmal tippe ich Wort für Wort für Wort, und die Geschichte fließt nicht. Manchmal nagt der Zweifel an mir wie ein Biber am Baumstamm. Manchmal überkommt mich ein Gefühl, dass die ganze Geschichte nichts wird. Manchmal schmerzt mein Rücken. Manchmal meine Handgelenke. Manchmal gerate ich in Panik, weil ich meine Tagesziele nicht erreiche, zu viel trödle, online Backgammon spiele und mich nicht konzentrieren kann.

Horror! Albtraum! Qual!

Aber es ist es mir wert. Denn schließlich ist das Buch fertig. Oder das Drehbuch. Oder eine neue Fernsehsendung ist entstanden, obwohl der Weg sehr holprig war. Fertig! Freude!

Dieses wunderbare Gefühl erfüllt mich, das für mich das Schönste im Leben ist. Dafür habe ich mich abgerackert. In diesem Moment wird mir bewusst, dass es mir das wert ist. Wenn ich dann wieder sitze und die Schmerzen und die Plackerei fühle, die ich oben beschrieben habe, sehe ich mir mein Ziel an und halte mir vor Augen, wie großartig es sein wird, wenn ich es erreiche.

Die Frage, die ich mir stelle, lautet also nicht so sehr: »Macht es mir immer Spaß?«, sie lautet: »Ist es mir das wert?«

Wird mir das Ziel ein wunderbares Gefühl geben? Eines, das für mich Lebendigkeit, Freude, Befriedigung ausdrückt?

Mir ist das Geschichtenerzählen die ganze Mühsal wert, die es mir verursacht. Das kann ich aus vollem Herzen bejahen. Einen fertigen Text, ein gedrucktes Buch in der Hand zu halten ist für mich so wertvoll und beglückend, dass ich dafür bereit bin, mich täglich immer wieder neu durchzubeißen.

Ich hätte nie angefangen zu schreiben, wenn das für mich nicht so gewesen wäre. Der Vorteil des Anfängers ist allerdings: Du hast noch nicht so viele Zweifel. Je weniger du über Ablehnung und das ganze Drumherum dessen Bescheid weißt, was du tust, umso direkter und unbeschwerter kannst du dich in deine Arbeit stürzen. Wer unvoreingenommen ist, ist beim Tun lockerer.

Wer glaubt, dass etwas, das du gut kannst, immer leichter wird, der irrt kolossal. Es wird immer schwieriger, je länger du es tust. Das lässt sich nicht vermeiden. Je mehr Erfahrungen du sammelst, je mehr du über dein Gebiet weißt, umso klarer wird dir, auf wie viele verschiedene Arten du scheitern kannst.

Dem Spaß in der Tätigkeit hinterherzujagen ist vergeblich und sinnlos. Ja, viele Tätigkeiten machen mir Freude. Aber nicht alle. Die Unbefangenheit des Anfangs immer wieder vor Augen zu haben und sich daran zu erinnern hilft auf jeden Fall. Das Wichtigste aber ist und bleibt, dass es mir das Ziel wert ist und dass das Ziel mir eines der höchsten Gefühle an Lebendigkeit bringt.

Achtung:

Ziele sind nicht nur Bücher wie bei mir. Ziele müssen überhaupt nicht immer groß sein. Sie müssen für mich Lebendigkeit und Freude bedeuten. Meinen Schreibtisch wieder einmal aufzuräumen ist nicht meine Lieblingstätigkeit. Da ich aber gerne Klarheit und Ordnung habe, bin ich froh, wenn ich mich dann an den aufgeräumten Schreibtisch setzen kann. Räume ich also gerne auf? Nein. Aber ist es mir das Gefühl des aufgeräumten Schreibtisches wert, an den ich mich dann gerne wieder setze? Ja, durch und durch.

Meine wichtigsten Erfahrungen:

☺ Arbeit macht NICHT immer Spaß!

⏱ Das ZIEL muss stimmen, dann darf der WEG
auch anstrengend sein.

☺ Erfahrung macht dich besser. ABER: Die Arbeit
wird dadurch nicht leichter! Du weißt, was alles
schiefgehen kann, die Stimme im Kopf wird lauter.

☺ Was wir von Anfängern lernen können: Sich in
die Arbeit hineinzustürzen, ohne zu viel Bedenken,
was daraus wird.

Und noch etwas:

Oft tippe ich Buchstabe für Buchstabe stundenlang dahin, bis auf einmal KLICK – der berühmte Flow einsetzt. Das ist dieser Fluss, in dem du auf das Denken vergisst und einfach alles fließt. Das Rackern bis zu diesem Moment lohnt sich. Der Flow kommt manchmal sehr langsam, manchmal auch schneller.

Warnung:

Ich sage nicht, dass wir uns lebenslang freudlos abrackern sollen. Wenn ihr das tut, macht ihr etwas falsch! Noch einmal, damit keine Unklarheit bleibt: Der Weg mag mühsam und lange sein, aber euer Ziel muss glühen und voller Lebendigkeit stecken. Wenn ihr keine Ziele habt, die sich so anfühlen, solltet ihr dringend überlegen, was ihr verändern könnt.

Das Ziel, das ihr erreichen wollt, muss von einem Lebensgefühl erfüllt sein, das euch entspricht. Der Weg dorthin kann anstrengend und mühsam sein. Er muss es euch wert sein. Rackern ist gut, wenn ihr für euer Ziel wirklich brennt.

 Tu es!

MEIN VERTRAG MIT MIR SELBST:
WAS SIND MEINE ZIELE, DIE ICH WIRKLICH GERNE ERREICHEN WILL?
(DAS MÜSSEN KEINE SEHR GROSSEN ZIELE SEIN, ES KÖNNEN AUCH
TAGESZIELE, WOCHENZIELE, MONATSZIELE SEIN.)

1) _____

2) _____

3) _____

WAS MUSS ICH ALLES TUN, DAMIT ICH SIE ERREICHE:

☺ _____

☺ _____

☺ _____

☺ _____

MIR IST KLAR, DASS NICHT JEDE DIESER TÄTIGKEITEN ANGENEHM,
LUSTIG, LEICHT, FREUDIG IST.

ABER SIE FÜHREN MICH ZU MEINEN ZIELEN, DIE ICH UNBEDINGT
ERREICHEN WILL – UND DESHALB TUE ICH SIE.

MEIN ZIEL SCHAUE ICH MIR IMMER AN, WENN ICH EINE TÄTIGKEIT,
DIE DAFÜR NOTWENDIG IST, NERVIG FINDE.

FALLS MIR DAS ZIEL DIESE ARBEIT ABER NICHT WERT IST, DANN
VERGESSE ICH ES, UND DIE WELT GEHT DAVON AUCH NICHT UNTER.

ES GIBT GENÜGEND ANDERE ZIELE, DIE ICH WIRKLICH
UNBEDINGT ERREICHEN WILL.

UNTERSCHRIFT:

_____

Wieso es eigentlich viel einfacher ist, als ich oft denke

Planen und Denken sind wichtig, können aber auch die größten Killer der tollsten Projekte sein. Zweifel hat jeder denkende Mensch, sie dürfen aber nicht zu Mühlsteinen um den Hals werden. Es gibt einen Satz, den ich mir seit längerer Zeit ständig vorsage und der bei mir Wunder gewirkt hat.

Oft sprechen mich Leute an, die selbst Bücher schreiben wollen. Sie erzählen mir von den vielen Ideen, die sie haben, und von den Hunderten Problemen und Zweifeln, die sie plagen. Wenn sie meinen Rat wollen, was jetzt zu tun wäre, sage ich immer: »Schreiben, schreiben, schreiben!«

Die größte Bibliothek ist meiner Meinung nach die Bibliothek der ungeschriebenen Bücher, die alle im Titel ein »Ja, aber ...« haben.

Jetzt muss ich euch aber etwas gestehen, das euch vielleicht beruhigt oder sogar zum Lachen bringt:

Ich, Thomas Brezina, Autor von mehr als 550 Büchern, habe ähnliche Probleme. Ich prokrastiniere ebenfalls, wie das so schön heißt. Der Grund dafür ist die schon erwähnte Stimme in meinem Kopf, die ständig Unsinn flüstert wie zum Beispiel:

»Ob das Buch gut ist, das du da schreibst?«

»Wird das jemand lesen wollen?«

Auch über mir steht manchmal der Zweifel wie ein Riese mit einer Keule.

Als ich das erste Buch schreiben wollte, in dem meine Knickerbocker-Bande erwachsen geworden ist, erging es mir genau so. Jeden Morgen, wenn wir Tee tranken, habe ich meinem Mann Ivo die Ohren vollgejammert. Es sollte mein erstes Buch für Erwachsene werden, und ich bin im Kreis um den Schreibtisch gelaufen. Alles hat sich neu und ungewohnt angefühlt, daher waren die Zweifel auch größer als sonst. Ich habe ständig Ideen gewälzt, wieder verworfen und mich selbst verwirrt.

Ivo hat mir eines Tages fest in die Augen gesehen und gesagt:

»Tu es einfach und glaub daran!«

Da er aus Holland stammt und wir uns in England kennengelernt haben, hat er es auf Englisch gesagt:

»Just do it and believe!«

Er selbst ist übrigens Maler und lernt im Augenblick alle Techniken und Stile. Er will eine gründliche und gute Ausbildung und malt gerne in einem eher altmodischen

Stil. Oft höre ich ihn durchs Haus schleichen, mit unserem Hund Joppy spielen oder sonst irgendwie prokrastinieren. Auch ihn überkommt der Zweifel, und er denkt zu viel.

Dann erinnere ich ihn grinsend an seinen eigenen Spruch.

»Tu es einfach und glaub daran.«

Es ist wirklich so einfach.

Zweifel haben die Größten, und Zweifel können ein guter Prüfstein sein. Aber bitte stellt euch vor: Als Leonardo da Vinci – der große Leonardo, wahrscheinlich einer der größten Künstler, Forscher und *Erfinder aller Zeiten* – auf dem Totenbett lag, soll er gesagt haben: »Ich kann noch nicht sterben, ich habe in meinem Leben noch nichts geleistet.«

Ein Freund von mir ist ein Spitzenkoch und macht die beste Zucchinisuppe der Welt. Deshalb habe ich ihn gebeten, mir eine große Menge zu kochen und portionsweise einzufrieren, damit ich sie auch zu Hause essen kann.

Jedes Mal, wenn ich ihn danach gesehen habe, hat er sich gewunden und kam mit einer neuen Ausrede, wieso er es noch immer nicht gemacht hat. Schließlich hat er mir erklärt, er müsse erst die richtigen Gefäße zum Tiefkühlen finden.

Daraufhin hat ihm seine Frau gesagt: »Frier das Zeug einfach ein und Schluss.«

Sie hat es auf den Punkt gebracht. Auch wenn die Suppe vielleicht nicht genauso gut wäre wie frisch gemacht, wenigstens versucht hätte er es dann, und wir wüssten mehr.

Was ich gelernt habe:

☻ Es braucht Mut anzufangen. Punkt, aus, Schluss. Das ist so. Da führt kein Weg vorbei.

☺ Es ist manchmal schwer, anzufangen. Je mehr du tust und je länger du arbeitest, desto schwerer wird es. Klingt seltsam, ist aber so. Ich war früher viel schneller.

☺ Selbst die Größten werden von Zweifeln geplagt. Siehe Leonardo da Vinci.

☺ Sich im dauernden Planen zu verlieren ist einfacher. Man kann auch sitzen und stundenlang diskutieren, wie man die Welt verbessern könnte. Wer aber drei Menschen einfach hilft, der hat mehr getan.

☺ Die »Morgen-mache-ich-das«-Projekte haben etwas Beruhigendes, weil wir uns dabei für tätig halten. Aber wir sind es nicht. Wenn wir etwas umsetzen wollen, sollten wir lieber heute als morgen beginnen. Über das Heute haben wir nämlich Kontrolle, das Morgen hingegen birgt die Gefahr, für immer in der Zukunft zu bleiben.

Nur das, was Du wirklich tust,
entsteht und kann die Welt erfreuen.

Ich muss mich selbst oft daran erinnern:

☺ Besser ein Kapitel irgendwie geschrieben als gar nicht, denn später kann ich es total überarbeiten und verändern.
Besser HEUTE einen Schritt gesetzt,
als wieder nur geplant.

☺ Wie heißt es bei Asterix so schön: Es könnte mir morgen der Himmel auf den Kopf fallen.

☺ An das zu glauben, was wir gerade tun, kann sauschwer sein. Ja, ich verwende sehr bewusst dieses Wort. Sauschwer.
Das heißt aber nicht, dass das Projekt schlecht ist. Manchmal müssen wir uns auf die Schulter klopfen und sagen: »Das wird schon! Du schaffst das! Du hast schon vieles geschafft, von dem du gedacht hast, es wird nichts.

Also weitermachen, und dann raus in die Welt mit dem Projekt! Denn dort gehört es hin!«

Jeder denkende Mensch hat Zweifel. Praktisch alle sind manchmal bequem. Aber es zählt nur das, was wir wirklich in die Welt hinausstellen und was uns und andere erfreuen kann. Es tun, und während du es tust, daran glauben – das ist der einzige Weg.

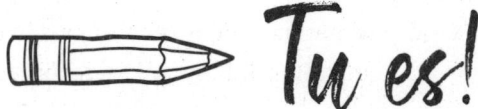 *Tu es!*

WAS WILL ICH ERREICHEN UND TUN?

_____

WAS HINDERT MICH DARAN? WAS SAGT DIE STIMME IN MEINEM
KOPF AN NEGATIVEM UND WIE KANN ICH DAS ENTKRÄFTEN?

_____

DIE STIMME SAGT:

_____

SIE SAGT AUCH:

_____

SIE MECKERT:

_____

SIE SCHIMPFT:

_____

SIE MACHT MIR ANGST, WEIL ...

_____

MEIN PLAN:

WANN FANGE ICH AN? TAG UND UHRZEIT?

_____

WIE VIEL WILL ICH JEDEN TAG SCHAFFEN?

_____

WAS KANN ICH MIR AUFSCHREIBEN, DAS MIR MUT
MACHT, WENN DER ZWEIFEL ZU NAGEN BEGINNT?

_____

VERVOLLSTÄNDIGE DIESE SÄTZE:

HEY, DU, DENK DARAN _____

HEY, WEITERMACHEN, DENN _____

HEY, DU HAST DAS SCHON GUT GEMACHT _____

HEY, SELBST WENN ES JETZT NICHT GANZ
WUNDERBAR IST, KANNST DU _____

Warum ich mir immer harte Kritiker suche

Harte Kritiker hatte ich einige in meinem Leben.
Ich teile sie in zwei Kategorien ein: Die nützlichen
und diejenigen, die mich geärgert haben und an
die ich mich kaum noch erinnern kann.

Ich meine das ernst: Es ist wichtig, sich harte Kritiker zu suchen. Der eigene Partner oder die Partnerin können das sein, und wahre Liebe drückt sich aus, indem sie uns die Wahrheit sagen. Mein Mann Ivo kann mich rasend machen, wenn mich etwas aufregt oder ich über einen Menschen oder eine Situation wütend bin, er mir aber Fragen stellt, als wäre ich »der Schuldige«. Natürlich geht es hier nicht um Schuld, sondern um das scharfe Auge des anderen, der die Situation von außen sieht.

Ivo hat nicht »recht«, sondern erlaubt sich, mich darauf hinzuweisen, was er anders sieht. Mittlerweile habe ich gelernt, tief durchzuatmen und über seine Einwürfe nachzudenken. Sie haben sehr oft Hand und Fuß, manchmal sind sie natürlich auch daneben, weil er nicht alle Informationen hat.

Ivo ist mein großer Fan, aber auch mein großer Kritiker. Allerdings will er mit seiner Kritik nur eines bewirken: eine

Verbesserung einer Situation oder eines Projekts in meinem Sinne. Das steht im Gegensatz zu Kritikern, die alles besser wissen und/oder finden, dass ein Buch, eine Theateraufführung oder ein Film eben so zu sein hat, wie sie das glauben.

Es hat eine Phase in meinem Leben gegeben, in der bei mir alles nur nach oben gegangen ist. In so einer Phase fühlst du dich unverwundbar und unbesiegbar. In dieser Zeit habe ich Ablehnung erlebt, indem einzelne Leute über meine Bücher gesagt haben: »Was du machst, ist einfach schlecht.« Das habe ich oft erlebt. Es gab Leute, die als Experten für Kinderliteratur aufgetreten sind, und ich habe Aussagen gehört wie: »So schreibt man keine Bücher. Viel zu seicht. Schlechter Stil. An den Haaren herbeigezogene Geschichten.«

Eine andere Kinderbuchautorin hat sich zur Aussage hinreißen lassen: »Besser Kinder lesen nichts als Bücher von Thomas Brezina.« (Später hat mir jemand erzählt, ihre eigene Enkeltochter soll ihr einmal geraten haben, Bücher wie meine zu schreiben. Das muss sehr wehgetan haben.)

Demgegenüber ist mein Publikum gestanden, das geliebt hat, was ich mache. Und das Publikum war groß. Außerdem haben mich die Leute, die mit mir gearbeitet haben, in meinem Weg bestärkt. »Kümmere dich nicht um diese Kritik, mach das, was du kannst und was du tun willst.«

Ich habe auch bald herausgefunden, dass die Grundlage der Ablehnung meiner Bücher bei den schärfsten Kritikern aus einer gewissen Überheblichkeit gekommen ist. »Kinder sollen das nicht lesen, die müssen dieses oder jenes lesen, damit sie etwas lernen.«

Da habe ich mir gedacht: »Warum eigentlich? Wer sagt, dass ein Kind aus jedem Buch etwas lernen muss?« Später ist mir auch gedämmert, dass viele Kinder aus meinen Büchern vielleicht mehr gelernt haben als aus manchen, die dieselben Leuten »wertvoll« genannt haben. Ich habe in meinen Büchern als Erster ein Mädchen zum Oberhaupt einer Bande gemacht. »Das kann nicht funktionieren«, haben mir damals Verlagsleute gesagt. Ich habe darauf bestanden. Heute erzählen mir erwachsene Frauen, wie sehr sie diese Geschichte gestärkt und ihnen Selbstbewusstsein gegeben hat.

Die destruktive Kritik an meiner Arbeit war nichts anderes als das, was publikumsorientierte Autoren seit Jahrhunderten zu hören bekommen. Das ist immer das Gleiche. Manche verzweifeln daran mehr, manche weniger. Ich habe mich damals, auch weil ich noch sehr jung war, oft sehr gekränkt. Aber ich hatte gleichzeitig so viel Zuspruch, dass ich damit umgehen konnte.

Heute, so viele Jahre später, werden meine Bücher von damals noch immer gelesen, und das auf der halben Welt. Wo sind die Leute, die mich damals so heftig kritisiert haben? Verstummt oder nicht mehr da. Deshalb denke ich heute: Das Wichtigste ist, etwas in die Welt hinauszuschicken, wovon du überzeugt bist. Wenn es konstruktiv ist, dann kann nichts daran »schlecht« sein.

Trotzdem ist es von größter Wichtigkeit, Kritiker zu haben. Leute, die meiner Arbeit freundlich, aber trotzdem mit Abstand und einem scharfen Auge und scharfen Verstand gegenüberstehen.

Meine Kritiker suche ich mir heute aber selber aus. Ich selbst entscheide, wer die Leute sind, deren Urteil ich ernst nehme. Die anderen spielen für meine Arbeit und für mein Selbstwertgefühl keine Rolle mehr. Ich bin mit destruktiver Kritik heute nicht mehr zu kränken. Erfolg habe ich gemeinsam mit den Leuten, die mit mir Erfolg haben wollen, die etwas in mir sehen. Ich kann und will niemanden dazu zwingen, das zu sehen. Ich versuche niemanden mehr zu etwas zu überreden, weil es nicht funktioniert. Ich laufe den Dingen auch nicht mehr hinterher.

Wenn ich ruhig bleibe und warte, kommen die guten Dinge zu mir, das habe ich gelernt. Wenn eine Zusammenarbeit nicht funktioniert oder ein Verlag nicht mehr an mich glaubt, nehme ich das hin. Früher war das für mich eine Katastrophe und hat alles in Frage gestellt. Heute suche ich mir ein neues Projekt und warte, dass das Pendel wieder in die andere Richtung schwingt. Denn es schwingt immer wieder in die andere Richtung, so viel habe ich inzwischen herausbekommen.

Wir Menschen sind sehr gut darin, Bedeutung in Dinge hineinzulesen, die gar keine haben. Wir erzählen uns innerlich Geschichten über uns selbst, ob wir es merken oder nicht. Wenn wir Erfolg haben, erzählen wir uns die Geschichte vom Superhelden, der alle Schwierigkeiten überwindet. Nichts kann uns stoppen, wie denn auch? Wir sind doch viel zu gut.

Werden wir mit Ablehnung konfrontiert, dreht sich die Geschichte oft in Sekundenschnelle. Dann sind wir für uns selbst auf einmal die Versager, von denen alle immer schon gesehen und gewusst haben, dass das nichts werden kann.

Mit Ablehnung umzugehen lernen heißt für mich auch, ein bisschen von diesen Extremen wegzukommen. Das war für mich gar nicht leicht, aber es ist mir mit der Zeit immer besser gelungen.

Aber: Noch immer tappe ich manchmal in
die Verzweiflungsfalle, wenn Dinge nicht
so gut laufen oder abgelehnt werden.

Ich mag mich und meine Arbeit heute mehr als früher, aber gerade deshalb muss ich mich nicht mehr als König der Welt fühlen, nur weil sich mein neuestes Buch gut verkauft. Mein Wert als Mensch hängt nicht daran. Wenn du es einmal bis zu diesem Punkt geschafft hast, dann fällt dir auch das Gegenteil leichter. Dann kannst du auch akzeptieren, dass einmal oder sogar öfter hintereinander etwas in die Hose geht, ohne dir deshalb gleich einzureden, dass du ein Totalversager bist.

Es ist nämlich niemand ein Totalversager. Es ist nur so, dass wir manchmal so gut darin sind, uns das einzureden, dass wir dann wirklich keinen Fuß mehr auf den Boden bringen. In diesem Sinn ist die einzige Kritik, vor der wir uns wirklich in Acht nehmen müssen, unsere eigene. Sie kann uns am meisten verletzen und uns am heftigsten aus der Bahn werfen. Die schlimmsten Kritiker sitzen in unserem Kopf, und sie können uns fertigmachen, wenn wir ihnen zu viel Bedeutung geben.

Wenn wir also mit dem Kritiker in uns selbst Frieden geschlossen haben, wenn wir dem inneren Kritiker nicht mehr pausenlos zuhören, dann sieht es gut für uns aus. Wir müssen ihn dafür nicht zum Verstummen bringen. Es reicht, wenn er unser Freund wird, der weiß, wie er uns so kritisieren kann, dass es uns nützt anstatt schadet.

Nun könnte man natürlich sagen: »Mit voller Hose ist leicht stinken.« Da erzählt jemand, wie man mit Ablehnung umgeht, der von Anfang an so viel Erfolg hatte, dass er sie leicht verschmerzen konnte.

Dann sage ich: Ja, das stimmt. Ich habe es in dieser Hinsicht nicht so schwer gehabt. Denn für jeden gehässigen Kritiker hatte ich hundert Zuschriften von Menschen, die mir geschrieben haben, was meine Bücher für sie oder für ihre Kinder bedeuten.

Aber ich muss auch sagen:

Die Freude an der erzählten Geschichte war für mich immer größer und wichtiger als alles andere.

Meine wichtigsten Erkenntnisse zum Umgang mit Kritik:

☼ Nur konstruktive, wertschätzende
Kritik ist nützlich.

☺ Ich suche mir meine Kritiker deshalb
selbst aus: Es sind Menschen, von denen ich

weiß, dass sie mich verstehen und dass sie mich so kritisieren, dass ich es annehmen kann.

☺ Ich habe gelernt, den gefährlichsten Kritiker halbwegs im Zaum zu halten: mich selbst. Wir sollten mit uns selbst nicht schlechter umgehen als mit einem guten Freund.

☺ Ich mache meinen Selbstwert nicht mehr von Kritik oder von Erfolgen abhängig. Das macht mir den Umgang mit beidem leichter.

☺ Allerdings halte ich mich auch von Schönrednern und Schmeichlern fern. Sie sind eine Falle, in die wir nur zu leicht tappen.

Such dir harte Kritiker, die dich und deine Arbeit lieben und die den Mut haben, dir zu sagen, was sie wirklich denken. Diese Kritik bringt dich vorwärts.

Tu es!

WER SIND MEINE DREI BESTEN KRITIKER?

IM BERUF:

_____

ÜBER MICH PERSÖNLICH:

_____

IM ALLGEMEINEN:

_____

WAS SCHÄTZE ICH AN IHRER KRITIK BESONDERS?

_____

_____

_____

_____

WER KÖNNTEN MEINE BESTEN KRITIKER SEIN, DIE
MIR KONSTRUKTIVE DINGE SAGEN KÖNNEN?

IM BERUF:

_____

IN DER FAMILIE:

_____

ÜBER MICH:

_____

Mehr Freude mit Familie und der Liebe

Welche Frage jede Beziehung schöner macht

Eine scheinbar einfache Frage ist ein Wundermittel in Beziehungen, ganz egal, ob sie gerade gut laufen oder ob es kriselt.

Den Satz, um den es in diesem Kapitel geht, habe ich erst vor gar nicht allzu langer Zeit kennengelernt. Aber ich kann jetzt schon sagen, dass ich ihn wirklich für einen Zauberspruch in Beziehungen halte.

»Was kann ich heute für dich tun, damit dein Tag noch schöner wird?«

Mein Mann Ivo und ich fragen das einander jeden Tag. Wir haben das Glück, dass es uns sowieso sehr gut miteinander geht. Aber trotzdem: Dieser Satz ist eine der schönsten Aufmerksamkeiten und eine so einfache und wirksame zugleich, dass wir nicht mehr darauf verzichten wollen.

Wenn die Antwort auf diese Frage lautet: »Trag den Mistkübel hinaus«, dann muss das vom Fragenden natürlich auch wirklich gemacht werden, das ist klar. Auf diese Art finde ich zum Beispiel täglich heraus, ob es etwas gibt, was meinem Partner vielleicht auf die Nerven geht und wovon er gerne hätte, dass ich es erledige.

Viele kleine Konflikte in Beziehungen entstehen daraus, dass einer der Partner sich bei solchen Kleinigkeiten benachteiligt oder vom anderen ein wenig im Stich gelassen fühlt. Vielleicht sogar, ohne dass es ihm selbst bewusst ist oder er es von sich aus so formulieren würde.

Was kann ich heute für dich tun,
damit dein Tag noch schöner wird?

Dieser Satz bietet also, unter anderem, Hilfe an und signalisiert meinem Partner damit, dass ich bereit bin anzupacken, um sein Leben leichter zu machen.

Natürlich geht es dabei aber nicht nur um Gefälligkeiten. An manchen Tagen möchte mein Partner vielleicht eine lustige Bemerkung hören, oder einen Zuhörer für etwas, was ihn an diesem Tag geärgert oder aus dem Takt gebracht hat.

Der Satz ist also ein Platzhalter. Er schafft
Raum für den anderen, der diesen Raum
mit etwas füllen kann, was ihm guttut.

Was kann ich heute für dich tun, damit dein Tag noch schöner wird?

Wunder wirkt diese Frage in Zeiten, in denen es Spannungen in der Beziehung gibt. Wenn der andere sauer ist, wenn etwas vorgefallen ist und ich mich mit dieser Frage trotzdem ganz ernst gemeint an ihn wende.

Denn was auch immer er mir dann antwortet, ich tue es für ihn. Und damit setzt sich etwas in Gang. Aus dem Panzer aus Frust oder Ärger oder Verstimmung breche ich mit dem Satz und der Handlung, die darauf folgt, ein Stück heraus. Tue ich das konsequent über mehrere Tage, dann kann es sehr leicht sein, dass dieser Panzer zu zerbröseln beginnt. Denn unweigerlich denkt sich mein Partner, meine Partnerin dann: »Moment einmal, ihm oder ihr liegt ja doch wirklich etwas an mir.«

Es mag überraschend klingen, dass so kleine Gesten solche Erkenntnisse auslösen können, aber wir Menschen funktionieren eben so. So wichtig klärende Gespräche auch sind: Eine, zwei, drei liebevolle, achtsame Gesten, an deren Anfang so ein Satz steht, können manchmal mehr klären und auflösen als eine lange Diskussion.

Was kann ich heute für dich tun,
damit dein Tag noch schöner wird?

Natürlich funktioniert dieser Satz umso besser, je mehr er auf Gegenseitigkeit beruht und wechselseitig angewandt wird. Was immer als Antwort auf diese Frage kommt, kann Spannungen auflösen und das Gemeinsame und Verbindende wieder nach vorne rücken.

Deshalb kann ich diesen Satz für jede Partnerschaft nur wärmstens empfehlen.

Außerdem:

Wir alle geraten manchmal in Gefahr, unsere Beziehung daraufhin abzuklopfen, ob wir auch »auf unsere Kosten kommen«, also nicht mehr geben, als wir bekommen. Diese Einstellung ist das größte Gift für jede Partnerschaft! Der Satz, um den es in diesem Kapitel geht, soll uns auch daran erinnern, dass Liebesbeziehungen keine Geschäftemacherei sind. Ohne Großzügigkeit gibt es keine Liebe. Wenn ihr euch im Leben wirklich reich fühlen wollt, gebt freiwillig immer etwas mehr, als ihr dafür bekommt.

Der Satz: »Was kann ich heute für dich tun, damit dein Tag noch schöner wird?«, ist ein Zauberspruch für jede Liebesbeziehung.

Tu es!

WAS WÜNSCHE ICH MIR VON MEINEM PARTNER/MEINER PARTNERIN,
DAS MEINEN TAG SCHÖNER MACHT?

1) _____

_____

2) _____

_____

3) _____

_____

WAS, GLAUBE ICH, KANN ICH FÜR SIE/IHN TUN,
DAMIT IHR/SEIN TAG SCHÖNER WIRD?

1) _____

_____

2) _____

_____

3) _____

_____

Warum ich finde, dass es nur einen Trennungsgrund gibt

Bei der nächsten Frau oder beim nächsten Mann wird alles anders und besser! Dieser Glaube herrscht bei vielen vor. Aber aus meiner Sicht ist das ein Gedanke, der leicht ins Unglück führen kann. Für mich gibt es nur einen einzigen Grund, eine Beziehung, die wir ernsthaft eingegangen sind, zu beenden.

Zuerst habe ich es nur gehört, lange habe ich es nicht geglaubt, aber heute bin ich überzeugt davon:

Der einzige Grund, eine lange Partnerschaft zu beenden, ist dann gegeben, wenn einer der beiden Partner permanent destruktiv ist.

Meine Überzeugung kommt aus dem Rückblick auf mein eigenes Leben und meine eigenen Beziehungen. Ich bin jemand, der einfach sehr gerne das Leben mit einem anderen teilt, und einmal ist das sieben Jahre lang gelungen, einmal sogar 19 Jahre lang.

Meine Ansicht lautet also: Erst wenn man wirklich alles versucht hat, um eine lange Beziehung zu retten, aber einer der beiden absolut nicht will oder ständig zerstörerisch in seiner Art ist, dann ist die einzige Möglichkeit Trennung.

Gleich vorweg: Ich behaupte NICHT, dass ich der arme Unschuldige war und meine Partner die »Bösen«, die alles zerstört haben. An einer Beziehung sind immer zwei Menschen beteiligt, und genau so, wie jeder dazu beitragen muss, dass das Leben schön ist, trägt auch jeder dazu bei, dass eine Beziehung scheitert. Manchmal mehr, manchmal weniger.

Wer also meine früheren Partner trifft und ihre Version hört, der wird ein anderes Bild bekommen als von mir. Das ist nur natürlich.

Beide Trennungen waren sehr traurig, und die Zeit danach war es oft noch mehr. Ich habe viele Monate, sogar Jahre gebraucht, um mich wieder zu sammeln und Festigkeit zu gewinnen.

Aber in beiden Fällen habe ich kein
einziges Mal zurückgeblickt und gedacht:
»Hätte ich doch nur etwas getan, damit
diese Beziehung bestehen geblieben wäre.«
»Die Trennung war ein Fehler.«
»Es war so schön, und ich
habe etwas kaputt gemacht.«

Der Grund dafür: Aus meiner Sicht habe ich alles für mich Mögliche getan, die Beziehungen wieder auf ein festes Fundament zu bekommen. Ich war auch bereit gewesen, an mir zu arbeiten, und habe vor und nach den Trennungen viel dazugelernt.

Meine beiden Partner haben aber ein Verhalten an den Tag gelegt, das aus meiner Sicht nicht konstruktiv, sondern destruktiv war. Oft ging es dann auch um Machtspiele, und die führen niemals zum Erfolg.

Ich wiederhole eines: Fehler habe ich genauso gemacht! »Unschuldig« war ich sicher nicht. Aber ich war immer bereit, diese Beziehungen weiterzuführen.

Der größte Irrtum überhaupt lautet:

»Beim nächsten Partner/bei der nächsten Partnerin wird alles ganz anders und viel besser.«

Wenn zwei Menschen beschließen, eine Beziehung einzugehen, das Leben miteinander zu teilen, gemeinsam nebeneinander durch die Tage zu gehen, dann heißt es bei Trauungen so schön: in guten wie in schlechten Tagen.

Wir bilden doch eine Partnerschaft, weil wir einander lieben und verstehen und das Leben zusammen einfach schöner ist als allein.

Das ist der Ausgangspunkt.

Es muss genügend Punkte geben, die verbinden, um eine Partnerschaft zu bilden. Damit meine ich nicht die erste Verliebtheit, die sicher schön ist, die aber in ihrem Rauschzustand vergeht.

Gemeinsame Interessen, gemeinsames Genießen, gemeinsame Ziele, gemeinsam ein Gefühl von Einklang und gemeinsam glücklich sein, ohne am anderen zu hängen – das sind die Ausgangspunkte.

Die Tage vergehen, die Wochen und Monate, dann sogar Jahre. Interessen können sich ändern und verschieben. Manche Ziele im Leben haben auf einmal weniger Wichtigkeit, andere wiederum mehr. Ein Partner hat mehr Erfolg, der andere weniger. Der Alltag stülpt sich wie ein graues Monster über beide und auf einmal sehen wir die Lichtblicke immer weniger.

Alles, was ich da aufzähle, kann ein Mühlstein sein, der die einstmals gute Beziehung zu zermahlen beginnt.

Eines Tages kommt der Moment, an dem die Krise beginnt. Es wird unfreundlich, oder es gibt einen Seitensprung, die Stimmung wird frostiger, das Kritisieren des anderen immer heftiger.

Alles, was früher schön war und verbunden hat, scheint abhandengekommen oder zerdrückt worden zu sein.

Die einfachste Lösung: Trennung und eine neue Beziehung.

Zurück an den Start und alles von vorne und frisch und fröhlich. Ich will nicht sagen, dass das nicht auch klappen kann. Allerdings setzen die Mühlsteine auch wieder ein und beginnen abzureiben und zu drücken, und auch eine solche neue Beziehung kann genau den gleichen Weg gehen wie die vorige. Nach ein paar schönen Monaten oder Jahren setzt die nächste Krise ein, es kommt zur Trennung, und dann geht es für alle wieder an den Start.

So viele Menschen träumen von einer erfüllten Beziehung, aber dieses Leben beginnt erst dort, wo die romantischen Filmkomödien enden.

Ich rede viel und gerne mit Menschen, die mir nahestehen, und frage sie um Rat.

So habe ich von einem befreundeten Ehepaar erfahren, das nach außen das absolute Traumpaar darstellt und seit 33 Jahren verheiratet ist, dass sie sich vor vielen Jahren mehrfach trennen wollten. Sie hatten sogar schon neue Partner. Aber sie haben – in ihrem Fall zuerst wegen ihres Sohnes – alles darangesetzt, doch noch wieder auf eine Ebene zu kommen, die ein Zusammenleben möglich macht.

Von diesem Paar habe ich erfahren, dass sie nach wie vor ihre Krisen haben und es auch vorkommt, dass sie einige Tage nicht miteinander reden. Aber sie finden immer wieder zusammen, weil sie das beide wirklich wollen.

Da ich sehr offen über mein Leben und meine Probleme gesprochen habe, haben sich viele Leute auch mir gegenüber sehr geöffnet. Ich habe viel dazugelernt und schlage vor, es sollte diese Warnschilder riesig groß geben:

 *WARNUNG: Du bekommst immer nur ein Stück der Torte. Das bedeutet: Partnerinnen und Partner können niemals alle unsere Wünsche und Bedürfnisse erfüllen.*

WARNUNG: *Von außen sehen manche Beziehungen so perfekt aus, dass wir neidisch werden oder Minderwertigkeitskomplexe bekommen. Hinter den Kulissen fliegen aber die Fetzen.*

WARNUNG: *Eine erfolgreiche Beziehung ist eine lange Reise mit vielen Überraschungen, guten und weniger angenehmen.*

WARNUNG: *Hinter der nächsten Ecke wartet vielleicht jemand anderer, der neue Qualitäten hat. Fast immer aber ist das Stück Torte, das er darstellt, gleich groß. Es ist nur von einer anderen Stelle der Persönlichkeitstorte geschnitten.*

Was ich alles gelernt habe, wenn es schwierig wird:

😎 Nicht dasitzen und jammern und den anderen beschuldigen, sondern SELBST etwas tun, damit es besser wird.

☺ Dem anderen ZUHÖREN, auch wenn es wehtut, ungerecht erscheint oder aufregt. Zuhören, ohne sofort zur Verteidigung und zum Gegenangriff zu schreiten.

☿ Alles aufschreiben, was man am anderen schätzt und mag, und einmal nur darauf konzentrieren. Das ist harte Arbeit, die aber oft Wunder wirkt.

☺ An früher erinnern, Fotos ansehen und zurückdenken, was schön war.

☺ Sich klar darüber werden, was man von der Beziehung will. Was kann ich selbst verbessern und machen? Was können wir tun?

☺ Beschuldigungen unterdrücken, und dem anderen Befehle erteilen, was er/sie zu ändern hat, ebenfalls. Die erzeugen nur Abwehr.

☺ Niemals aufhören, miteinander zu reden! Nie, nie, nie, nie, nie!

☺ Wenn nötig, dann Abstand gewinnen (zeitlich und örtlich). Oft meldet sich schon nach ein paar Tagen die Sehnsucht.

☿ Hilfe suchen und annehmen!

Übrigens:

Seit Juni 2016 bin ich mit meinem Partner Ivo verheiratet. Es ist die dritte große Beziehung in meinem Leben, und ich werde alles daransetzen, dass es auch die letzte bleibt.

Zu unserer Hochzeit in London haben wir nur vier Paare eingeladen, die erfolgreiche und lange Partnerschaften führen. Sie sind für uns Vorbild und auch Anlaufstelle, wenn es einmal nicht so rund läuft.

Die Anfänge unserer Beziehung waren nicht immer einfach, und jeder von uns beiden hätte einige Male einen Schlussstrich ziehen können. Wir haben aber beide tief in unserem Inneren an unser Leben zusammen geglaubt. Beide kommen wir aus langen Beziehungen davor, die wir loslassen mussten (Ivo ist verwitwet). Heute sind wir unendlich dankbar für jeden gemeinsamen Tag, und wenn es holprig wird, schaffen wir es immer zu reden.

Manchmal braucht es eine Weile, bis wir wirklich alles ausgesprochen haben. Wir spüren, dass da noch etwas ist, das wieder zu neuen Uneinigkeiten führen könnte. Deshalb reden und reden wir, bis wir das Gefühl haben, dass sich unser Leben anfühlt wie ein Auto frisch aus der Waschstraße.

Der einzige Grund, eine lange Partnerschaft zu beenden, ist dann gegeben, wenn einer der Partner permanent destruktiv ist. Sonst aber lohnt es sich immer, alles daranzusetzen, die Beziehung wieder zu einem Erfolg für beide Seiten zu machen.

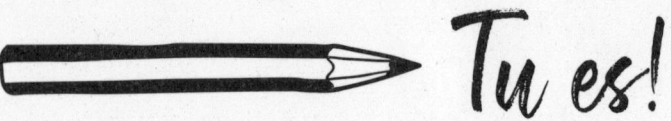

Tu es!

AUCH WENN ES SCHWIERIG ERSCHEINT UND 10 PUNKTE SEHR VIEL SIND,
ÜBERLEGE DIR, SCHREIB AUF:

10 DINGE, DIE ICH AN MEINER PARTNERIN (MEINEM PARTNER)
SO WUNDERBAR FINDE:

1) _____ 6) _____
2) _____ 7) _____
3) _____ 8) _____
4) _____ 9) _____
5) _____ 10) _____

DREI MOMENTE UNSERES GEMEINSAMEN LEBENS, BEI
DENEN MIR GANZ WARM UMS HERZ WIRD:

1) _____
2) _____
3) _____

DREI TRÄUME DAVON, WAS WIR IN DER ZUKUNFT
SCHÖNES GEMEINSAM MACHEN KÖNNEN:

1) _____
2) _____
3) _____

ZEHN DINGE, DIE ICH MEINER PARTNERIN/
MEINEM PARTNER BIETEN KANN:

1) _____   6) _____
2) _____   7) _____
3) _____   8) _____
4) _____   9) _____
5) _____   10) _____

SIEBEN KOMPLIMENTE, DIE ICH MEINER PARTNERIN/
MEINEM PARTNER JETZT SOFORT MACHEN KANN:

1) _____
2) _____
3) _____
4) _____
5) _____
6) _____
7) _____

Wieso es viel mehr Blumen im Leben geben soll

Meine Mutter hat mir bereits als Kind einen Spruch mit-
gegeben, den sie von ihrer Lieblingstante hatte: »Viel mehr
Blumen im Leben, denn auf den Gräbern sind sie verge-
ben.« Im Laufe meines Lebens habe ich nach und nach ver-
standen, was dieser wunderbare Satz wirklich bedeutet.

Als Kind habe ich immer in der Angst gelebt, dass meine Eltern plötzlich sterben könnten. Ich glaube, jedes Kind kennt dieses Gefühl, aber bei mir war es besonders stark ausgeprägt. Als ich dann erwachsen geworden bin, habe ich daraus eine Lehre gezogen und zu mir selber gesagt: »Ich möchte, was meine Eltern betrifft, zwei Dinge. Ich möchte erstens mit ihnen immer wieder etwas gemeinsam unternehmen, das uns immer in Erinnerung bleibt. Zweitens will ich, dass niemals etwas zwischen uns offen bleibt und sie immer wissen, wie lieb ich sie habe.«

Meine Eltern waren bereits vierzig Jahre alt, als ich zur Welt gekommen bin. Deshalb war der Gedanke der Endlichkeit wahrscheinlich auch näher. Bitte haltet mich nicht für morbid, aber ich finde, dass die Erinnerung daran, dass niemand von uns unendlich lang auf dieser Erde ist und ein

Ende auch sehr plötzlich und überraschend kommen kann, für sehr hilfreich und gut.

So also habe ich mit meinen Eltern einiges unternommen, als ich bereits Anfang dreißig war. Wir waren zum Beispiel gemeinsam in New York und haben dort viel entdeckt und erlebt. Zu ihrem siebzigsten Geburtstag hat meine Mutter nicht nur mich und meinen damaligen Partner, sondern auch meinen Bruder und seine Familie nach Disneyland Paris eingeladen. Ihr könnt euch vorstellen, wie viel Spaß wir dort alle hatten. Meine Eltern sind damals zum ersten Mal in ihrem Leben Achterbahn gefahren. Ihre Gesichter werde ich nie vergessen.

Einmal im Jahr haben mich meine Eltern außerdem in London besucht, und ich habe ihnen alles gezeigt, was ich in letzter Zeit dort entdeckt hatte. Sie haben mein Leben in London einmal mit eigenen Augen sehen können und waren zu allem bereit: egal, ob es eine Ausstellung war, das neueste Musical oder aber ein Club.

Der Spruch »Viel mehr Blumen im Leben, denn auf den Gräbern sind sie vergeben« hat für mich zweierlei bedeutet. Er war eine Erinnerung, nichts aufzuschieben, sondern Reisen und Ausflüge, über die wir geredet haben, so bald wie möglich Wirklichkeit werden zu lassen.

Blumen als Geschenk waren damit aber auch gemeint. Beim Begräbnis meiner Lieblingstante Mitzi sind links und rechts von ihrem Sarg zwei riesige Kränze gestanden, jeder mit hundert Rosen oder noch mehr. Mein Gedanke damals war, dass Tante Mitzi zu Lebzeiten niemals so viele Rosen auf einmal bekommen hat. Wieso dann jetzt, wo sie sich gar nicht mehr daran erfreuen konnte?

Daher habe ich mit meiner Mutter eine Vereinbarung getroffen: Sie bekommt alle Blumen, die sie sich wünscht, im Leben. Zu ihrem Begräbnis aber bringe ich nur eine Rose.

Da sie Blumen über alles geliebt hat, habe ich mit einer Blumenhandlung die Vereinbarung getroffen, dass sich meine Mutter aussuchen konnte, was immer sie wollte. Die Rechnung dafür wurde an mich geschickt. Sie hat das Geschenk mit größter Freude genutzt, und jedes Mal, wenn ich bei ihr vorbeigeschaut habe, hat sie mir voller Begeisterung den neuesten Strauß oder das neueste Gesteck gezeigt. Alles hat sie lange in Ehren gehalten, gepflegt und umgesteckt, bis die letzte Blume verwelkt war.

Mein Vater ist am 22. Dezember 1999 gestorben, und sein Tod war für mich unendlich traurig. Er war mein bester Freund, Begleiter und Ratgeber. Meine Mutter hat ihn viele Jahre überlebt und ist am 2. Februar 2015 eines Morgens tot umgefallen. Sie war 91 Jahre alt, trotzdem war auch der Abschied von ihr traurig, und noch heute möchte ich sie manchmal anrufen und ihr sagen, wie gut es mir geht oder ihr erzählen, was ich gerade erlebt habe.

Zwischen Kindern und Eltern kann es immer Unstimmigkeiten geben, und bei mir und meinen Eltern war es nicht anders, obwohl wir wirklich ein ausgezeichnetes Verhältnis zueinander hatten. Aber sowohl mit meinem Vater als auch mit meiner Mutter war, als sie gestorben sind, alles geklärt und besprochen. Ich habe ihnen oft gesagt, wie lieb ich sie habe. Auch heute tue ich das noch in meinen Gedanken.

Zum Begräbnis meiner Mutter habe ich alle Trauergäste gebeten, nur eine Rose mitzubringen. Statt Kränze und Bouquets wäre es im Sinne meiner Mutter, wenn sie Geld zur Ausbildung eines Partnerhundes spenden. Partnerhunde helfen behinderten Menschen, und meine Mutter hat den Salzburger Verein für Partnerhunde immer unterstützt.

Alle ihre Freunde und unsere Verwandten haben es getan. Den Blumenschmuck auf dem Sarg hat die Blumenhandlung als letztes Geschenk gebracht, von der meine Mutter so viele Jahre lang Blumen geholt hat. Zu ihrem Abschied ist aber auch die Ausbilderin der Partnerhunde gekommen und hat einen Hund mitgebracht. Meine Mutter hätte sich unendlich darüber gefreut. Vor allem aber haben alle, die sich von ihr verabschiedet haben, sehen können, was sie mit ihrer Spende ermöglicht hat.

Wenn ich heute das Grab meiner Eltern besuche, meistens gemeinsam mit meinem Mann, dann bringen wir jedes Mal drei langstielige Rosen mit und stecken sie am Grab in die Erde. Eine Rose von jedem von uns und die dritte von der engsten Freundin meiner Mutter, Liesl, die mich darum gebeten hat.

Was ich für so wichtig halte:

☺ Gemeinsame Erlebnisse und Erinnerungen sind schöner als materielle Geschenke.

☺ Es lohnt sich, alles zu tun, was ihr selbst beitragen könnt, um im Einklang mit euren Eltern zu sein.

☺ Klären, was es zu klären gilt. Den Mut zu haben, Dinge anzusprechen, schafft inneren Frieden.

☺ Wenn ihr eure Eltern liebt, dann solltet ihr es ihnen so oft wie möglich sagen und zeigen.

»Mehr Blumen im Leben, denn auf den Gräbern sind sie vergeben.«

Tu es!

WELCHE ERLEBNISSE KANN ICH MIT MEINEN ELTERN
(ODER ANDEREN LIEBEN MENSCHEN) TEILEN?

1) _____

2) _____

3) _____

4) _____

5) _____

WAS HABE ICH SCHON LÄNGERE ZEIT AUFGESCHOBEN, WAS
ICH MIT MEINEN ELTERN, GROSSELTERN, VERWANDTEN, LIE-
BEN MENSCHEN GERNE UNTERNEHMEN MÖCHTE?

_____

_____

_____

WANN WERDE ICH ES TUN?

_____

WEM MÖCHTE ICH SAGEN, WIE LIEB ICH IHN HABE?
WEM MÖCHTE ICH DANKEN, FÜR ALLES,
WAS SIE/ER FÜR MICH GETAN HAT?

_____

_____

_____

JETZT MACHE ICH ES!
DAS HABE ICH NUN GETAN:

1) _____

2) _____

3) _____

4) _____

Wie du dir deine eigene Familie schaffen kannst, wenn du das willst

Wie wohl und aufgehoben wir uns in unserer natürlichen Familie fühlen, ist natürlich auch Glückssache. Ich habe aber gelernt, dass Familie noch anderes als Blutsverwandtschaft bedeuten kann.

Blutsverwandt zu sein bedeutet noch lange nicht, miteinander herzlich verbunden zu sein. Vielleicht ist das manchmal nicht möglich, weil auch eine Familie aus verschiedenen Persönlichkeiten besteht, die manchmal gut und manchmal weniger gut zueinander passen.

Künstlich in einer Familie auf großen Einklang zu spielen, wenn er einfach nicht besteht, bringt nichts. Allerdings habe ich gelernt, welchen unglaublichen Halt eine Familie geben kann. Und das nicht nur durch meine Eltern, sondern auch durch meine »neue Familie«, die ich vor einigen Jahren völlig unerwartet kennenlernen durfte. Im Kapitel »Warum wir im Leben mit allem rechnen müssen – vor allem aber mit dem Schönen«, erzähle ich mehr darüber, wie es dazu gekommen ist.

Im besten Sinn ist Familie jedenfalls ein Hafen, von dem du weißt, dass du immer in ihn einlaufen kannst. Ganz egal, in welchem Zustand du dich gerade befindest. Du wirst dort aufgenommen werden, mit Menschen reden können und Unterstützung finden.

Familie heißt für mich: Es gibt eine Grundübereinstimmung, dass man sich absolut miteinander verbunden fühlt. Das ist selten. Im Fall meiner neuen Familie ist für mich das Spezielle, dass wir auf der Ebene der Werte und der Einstellungen sehr, sehr ähnlich schwingen. Und es ist ganz besonders schön, weil sie offen aussprechen, dass ich für sie nicht nur ein Freund, sondern wirklich ein Teil ihrer Familie bin. Ich kann und konnte mich bisher immer auf sie verlassen. Und sie sich auf mich genauso.

Das heißt nicht, dass dort immer alles nur Sonnenschein wäre, überhaupt nicht. Aber unsere Begegnungen sind entweder einfach schön, oder es tut sich etwas zwischen uns. Gleichgültig sind wir nie. Und ich weiß, dass wir uns auf unserem Lebensweg immer parallel bewegen werden, dass das nicht mehr auseinandergehen wird. Das gibt schon unheimlich viel Kraft.

So etwas kann man nicht planen, es kann sich nur ergeben. Ich habe da einfach wirklich unendliches Glück gehabt.

Natürlich gibt es in blutsverwandten Familien nicht immer eine solche Übereinstimmung. Oft ist die Familie ja sogar ein Hort von Konflikten und jahrelang an allen Beteiligten zehrenden Auseinandersetzungen. Aber wir können die

Familie, in die wir hineingeboren wurden, ja nicht einfach ablegen – oder doch?

Ich glaube, wir müssen es gar nicht. Wer in der eigenen, »natürlichen« Familie nicht den Halt findet, den er braucht, der muss sich nicht lossagen. Es genügt, sich auf die Suche nach anderen Menschen zu machen, die diese Rolle übernehmen können, oder besser: Sich von diesen Menschen finden zu lassen.

Es bringt aus meiner Sicht auf jeden Fall gar nichts, die eigene Familie ändern zu wollen. Je weniger wir vorhandene Probleme negativ bewerten, umso besser.

Wie baue ich mir eine Welt rund um mich, in der ich Sicherheit finden kann? Das ist für mich die zentrale Frage, um die es beim Thema Familie geht. Vor einigen Jahren oder Jahrzehnten war Familie für viele Menschen noch eher ein Reibebaum, oder sogar ein Käfig, aus dem sie ausbrechen wollten. Heute gibt es eine Renaissance der Familie, und ich glaube, das ist angesichts der politischen Verhältnisse auf der Welt auch ganz logisch.

Wir können die große Welt nicht wesentlich verändern. Da tun sich täglich Dinge, wo wir uns nur an den Kopf greifen können. Familie ist im Gegensatz dazu der innere Kreis, den wir uns selbst bauen können. Mich begeistern Menschen, die es schaffen, in ihrem unmittelbaren Umfeld ein Leben zu kreieren, von dem ich sage: Damit komme ich gerne in Berührung.

Das ist es, was Familie – sei es die biologische oder eine selbstgewählte – im Idealfall kann. Und das ist nicht wenig.

Wichtig:

Seine eigene Familie zu kreieren ist möglich, und ich habe einige Freunde, die das auch getan haben. In meinem Fall ist meine neue Familie tatsächlich eine Familie mit den klassischen Mitgliedern.

Mein Freund Jonathan hat sich seine Familie aus Menschen zusammengestellt, mit denen er sich über viele Jahre sehr verbunden fühlt. Das älteste Mitglied ist 91, das jüngste 27. Es gibt Frauen und Männer und sie haben keine Etiketten wie Vater, Mutter oder Geschwister. Es sind Menschen, die ihm viel bedeuten und für die er immer da ist. In guten wie in schlechten Zeiten, und umgekehrt ist es genauso.

Familie heißt für mich: Es gibt eine Grundübereinstimmung, sich absolut miteinander verbunden zu fühlen.

Tu es!

WENN ICH MIR MEINE FAMILIE GANZ NACH BELIEBEN UND OHNE RÜCKSICHT AUF ALTER, GESCHLECHT ODER VERWANDTSCHAFTSGRAD ZUSAMMENSTELLEN KÖNNTE, DANN WÄREN DIESE FÜNF MENSCHEN AUF JEDEN FALL DABEI:

1) _____

2) _____

3) _____

4) _____

5) _____

Mehr Freude,
wenn die Freude
verschwunden
scheint

Wieso es eine Wunderfrage gegen jeden Ärger gibt

Ich kann mich ziemlich ärgern. Ich kann mich aufregen und explodieren, wenn Leute stur sind, mich nicht verstehen oder Dinge im Leben geschehen, die ich unfair und gemein finde. Ihr solltet mich dann einmal erleben. Aber ich habe eine Frage an mich selbst gefunden, die mir in diesen Momenten sehr hilft.

Eine Freundin von mir hat vor einiger Zeit die Leitung des Betriebs ihrer Eltern übernommen. Dabei ist es zu verschiedenen Streitigkeiten mit ihrer Mutter gekommen, wie sie den Betrieb in Zukunft führen soll. Schließlich haben sich die beiden geeinigt, und meine Freundin konnte beginnen, die Firma nach ihren Vorstellungen zu leiten.

Das dachte sie zumindest. Zwar lief es eine Weile ein bisschen besser, aber dann gingen die Streitereien mit ihrer Mutter wieder von vorne los und schlimmer als zuvor. »Aber wir haben das so und so gemacht«, hat ihre Mutter ihr immer wieder vorgeworfen, »warum kannst du das nicht auch so machen?«

Ein Streit, wie er immer wieder zwischen Eltern und ihren Kindern vorkommt, wenn die Eltern nicht einsehen wollen, dass die Kinder inzwischen selbst erwachsen geworden sind. In diesem Fall aber verschärft dadurch, dass die gemeinsame, von den Eltern auf die Tochter übertragene Firma eine Art Kampfgebiet dargestellt hat, auf dem sich der Konflikt immer wieder neu entzünden konnte.

Als mir meine Freundin von der Mühseligkeit dieser Streitereien erzählt hat, davon, dass sie die Vorwürfe und die Kritik ihrer Mutter nicht so stehen lassen könne, habe ich irgendwann zu ihr gesagt: »Ganz ehrlich: Hast du den Betrieb jetzt übernommen, oder nicht?«

»Ja«, hat sie geantwortet.

»Gibt es also eine wirtschaftliche Einigung mit deiner Mutter?«

»Ja.«

»Musst du dann jetzt noch unbedingt recht haben?«

»Nein.«

»Dann stell dir eine Frage: Ist es dir das wert?«

Da hat sie mich mit großen Augen angeschaut und dann gesagt: »Das ist super. Ja, du hast recht. Diese Streitereien sind es mir nicht wert.«

»Na, dann dreh dich um und geh. Es ist doch alles geregelt. Wenn du nicht streiten willst, kann dich deine Mutter nicht dazu zwingen. Also was denn noch?«

Ist es mir das wert?

Wenn ich in der Früh aufstehe und vor dem Arbeiten meine E-Mails checke, dann kommt es immer wieder einmal vor, dass ich eine E-Mail lese, die mich auf die Palme bringt.

Entweder weil sie so unfreundlich formuliert ist oder weil der Inhalt so ärgerlich ist, dass ich innerlich zu kochen beginne.

Auch in solchen Fällen stelle ich mir gerne die Frage: Ist es mir das wert? Will ich mir mein Leben jetzt wirklich davon versauen lassen?

Die Minuten, die ich damit verbringe, mich zu ärgern, sind danach vorbei und kommen nie wieder.

Aus Minuten werden Stunden, aus Stunden Tage, dann Wochen, und in Summe kann ich irgendwann sagen, ich habe mich monatelang in meinem Leben geärgert.

Ist es mir das wert?

Das heißt nicht, dass ich alles hinnehme und Konflikten ausweiche. Überhaupt nicht. Konflikte gehören zum Leben und müssen oft ausgefochten werden, weil sonst nichts vorangeht. Aber der ganze Ärger rundherum wird oft zu viel.

Ich zum Beispiel denke oft: Wieso tut diese Person das? Sie müsste doch wissen, dass ...

Oder: Wieso kann er oder sie nicht mitdenken?
Oder: Wie kommt jemand, der so inkompetent ist, in diese Position?
Oder: Das ist so unfassbar ungerecht, ich halte es nicht aus.

Sich über eine respektlos formulierte E-Mail zu ärgern, ist sinnlos. Zu glauben, dass jeder so arbeitet und reagiert, wie ich mir das vorstelle, ist auch sinnlos.

Zu glauben, dass das Leben ein Glockenspiel mit ausschließlich schönsten Tönen ist, halte ich für einen Irrtum, den ich aber auch selber immer wieder begehe.

Der Nonsens, der Wahnsinn, der Mist, die Gemeinheit – all das wird es immer geben, und kleine und große Brocken davon werden uns um die Ohren fliegen.

Aber sich darüber lange aufzuregen bringt einfach nichts.

Das ist es nicht wert!

Kann ich ausweichen und mich in diesen Zwist einfach nicht verwickeln lassen? Brauche ich jetzt drei Minuten Wut, damit ich Druck ablasse? Muss ich einmal ins Freie und dort herzhaft schimpfen, wenn mich niemand hört? (Alleine im Auto ist auch ein guter Moment dafür.)

Nur selig über allem zu schweben gelingt vielleicht manchen, mir aber nicht.

Trotzdem habe ich im Kopf das STOPP-Schild eingebaut, wenn ich mich zu viel oder zu lange über etwas ärgern möchte.

Es gibt einfach Schöneres im Leben!

Wichtig:

Bitte glaubt nicht, dass ich mich nie ärgere und immer selig durch die Welt schwebe. Das Gegenteil ist der Fall. Die Frage: IST ES MIR DAS WERT? hilft mir einfach, mich schneller zu beruhigen und einzukriegen und nicht so viel Zeit mit Wut zu verbringen. Denn fast immer ist es die verlorene Zeit NICHT WERT.

Noch wichtiger:

Mir hilft es, mich als Pilot meines Lebens zu sehen. Ich stelle mir das bildlich vor. Wenn ich mich über das Verhalten von anderen Leuten ärgere, dann versuche ich:

1) Ich frage mich, welchen Anteil ich daran habe.
2) Ich frage mich, was ICH tun kann, um die Sache auf die Reihe zu kriegen. Andere Leute ändern zu wollen ist ungefähr genauso möglich und gut, wie das Matterhorn in Kieselsteine zu zerschlagen.

Am allerwichtigsten:

Recht haben zu wollen ist Gift! Es vergiftet nicht nur Beziehungen, Situationen und Gespräche, sondern bringt wenig. Dadurch entstehen nur Fronten. Natürlich müssen wir nicht alles akzeptieren, was andere sagen oder tun. Aber wenn ich anderer Meinung bin, dann kann ich Letztere anderen weder aufzwingen noch in sie hineinpumpen. Ich kann nur versuchen, meine Meinung so darzustellen, dass der andere sie begreifen kann.

Böse auf andere zu sein halte ich im Berufsleben für unprofessionell und im Privatleben für Verschwendung von Zeit und Kraft.

Und noch etwas, wichtiger als am allerwichtigsten:

Nie, nie, nie, nie, nie, niemals solltet ihr am Abend einschlafen und auf euren Partner oder eure Partnerin sauer sein! Wenn einer von euch beiden am nächsten Tag nicht aufwacht, wäre es doch schrecklich, so auseinandergegangen zu sein.

Was auch immer geschieht, das ärgert oder wütend macht, verdient eine Frage: Ist es mir das wert? Will ich die Zeit mit Sauersein verbringen oder doch lieber mit erfreulicheren Dingen?

Tu es!

NEULICH HABE ICH MICH DARÜBER GEÄRGERT:

LEUTE: _____

FAMILIE: _____

BERUF: _____

AUF DER STRASSE: _____

IM GESCHÄFT: _____

SONST WO: _____

WIE SEHR WAR DER ÄRGER ES WERT, DASS ICH MIR DIE ZEIT
DAMIT VERSAUT HABE? WIE VIEL HAT ER GEÄNDERT?
NOTEN VON 1 – 5 GEBEN (1 = SEHR WERTVOLL, 5 = NUTZLOS)

_____

_____

MEINE WUTZETTEL

NIMM EIN PAAR ZETTEL ZUR HAND, AM BESTEN
QUADRATISCH, NICHT ZU GROSS.

WENN DU DICH ÄRGERST, SCHREIB DEN GRUND DARAUF.

HIER AUSFÜLLEN:

ÄRGERZETTEL ANSEHEN.

IST ES MIR DAS WERT? WILL ICH MEINE ZEIT MIT ÄRGER VERTUN?

WENN NEIN: ZUSAMMENKNÜLLEN UND MIT LUST IN DEN
PAPIERKORB ODER SONST WOHIN SCHIESSEN.

WENN DIE BERUHIGUNG EINTRITT, DIE FRAGE STELLEN:
WAS KANN ICH TUN?

Wieso jammern ein Betäubungsmittel ist

Wenn ich einen Tag lang höchstpersönlich Gesetze erlassen dürfte, dann würde ich gerne das Jammern verbieten. Denn Jammern bedeutet für mich nichts anderes als: »Ich möchte ja gerne, dass es anders wird, aber ich will nichts dafür tun. Das ist mir zu anstrengend.« Es gibt bessere Wege, unsere Unzufriedenheit produktiv werden zu lassen.

Unter Jammern verstehe ich auch, sich vor Menschen hinzustellen und ihnen zu erklären, wie schrecklich alles ist, ohne einen Gegenvorschlag zu liefern, wie es besser werden könnte. Du bekommst heute ungeheuer viel Applaus, wenn du dich nur einfach irgendwo aufpflanzt und sagst: »Es ist alles grauenvoll, es geht bergab, dieses Land geht den Bach hinunter!«

Dafür erntest du sofort ungeteilte Zustimmung. Und all die, die solche Schwarzmaler bejubeln, fragen nicht einmal danach, wie es anders gemacht werden könnte. Hauptsache, sie sind sich alle gemeinsam einig, dass die Welt immer schlechter und schlechter wird. »Super, endlich einer, der sich das zu sagen traut!«

Das Resultat daraus: Die schlechte Stimmung potenziert sich. Je mehr Zustimmung es für diejenigen gibt, die alles schlechtreden, umso schneller verbreitet sich die Stimmung, dass wir eigentlich alle schon längst verloren sind.

Meine Kritik am Jammern heißt natürlich nicht, dass ich selber vor dem Jammern gefeit bin. Mir passiert es genauso, dass ich in ein Geraunze verfalle. Gerade deshalb finde ich, dass wir uns alle selber an der Nase nehmen und uns klarmachen sollten, dass durch Jammern noch nie etwas besser geworden ist.

Um mir das selber vor Augen zu führen, habe ich einmal ein kleines Experiment unternommen, das ich jedem empfehlen würde, der auch eine Tendenz zum Jammern hat.

Ich habe eine Stunde lang einem Freund gegenüber so richtig drauflos gejammert, über alles, was meiner Meinung nach in meinem Leben und auf dieser Welt schiefläuft. Den Freund hatte ich zuvor gebeten, mir im Sinne des Experiments nicht zu widersprechen, sondern mich in meiner Schwarzmalerei eher noch zu bestätigen.

Was glaubt ihr, wie ich mich danach gefühlt habe? Erleichtert vielleicht?

Überhaupt nicht! Es ging mir hundsmiserabel. Und das, obwohl ich ja wusste, dass ich sozusagen nur auf Knopfdruck und nicht aus innerem Bedürfnis gejammert hatte. Aber wir Menschen sind eben sehr gut darin, uns in eine negative, verzweifelte Stimmung hineinfallen zu lassen, es fällt uns nur zu leicht, uns in Selbstmitleid zu baden.

Das aber zieht nach unten wie ein Betonklotz an den Beinen.

Negatives Denken hat, ebenso wie positives Denken, eine sehr große und ansteckende Kraft – aber eine zerstörerische!

Jetzt kann ich schon diejenigen hören, die mir zurufen wollen: »Ja, aber es ist eben nicht alles toll auf der Welt. Vieles ist sogar überhaupt nicht toll. Es muss doch möglich sein, das aufzuzeigen und zu kritisieren, ohne gleich als Nörgler und Schlechtmacher zu gelten.«

Dann sage ich: natürlich. Konstruktive Kritik heißt das Zauberwort. Zu sagen, was falsch läuft, und zu sagen, wie es anders laufen sollte, gehört zum Wertvollsten, was wir in unserer Gesellschaft, aber auch in unserem Privatleben beitragen können, um das Leben besser zu machen. Wer auf diese Art kritisiert, der jammert aber eben gerade nicht, sondern setzt einen positiven Prozess in Gang, an dessen Ende im besten Fall eine Veränderung steht, von der alle Beteiligten profitieren.

Konstruktive Kritik ist gestalterisch und deshalb dem positiven Denken zuzuordnen. Sie schlägt vor, bietet an und will helfen, etwas zu erschaffen.

Destruktive Kritik wirkt dagegen zerstörerisch und deprimierend – und zwar sowohl auf uns selbst als auch auf unser Umfeld. Sie hat eine Schwere und zieht nach unten, sie zerschlägt und hinterlässt einen Trümmerhaufen. Wen das begeistern soll, verstehe ich nicht.

Jammern an sich ist keine Tragödie. Jeder jammert manchmal, und in homöopathischer Dosierung kann das auch einmal befreiend wirken.

Aber darin stecken zu bleiben, es zu einer Gewohnheit oder sogar einer allgemeinen Lebenseinstellung werden zu lassen, das ist Gift für jeden Menschen.

Mein Anti-Jammer-Programm:

☺ Nicht nur überlegen, was schlecht ist, sondern immer auch, wie es besser werden könnte.

☺ Wenn's ganz düster wird: Hinsetzen und eine Liste mit Dingen machen, die in unserem Leben gut laufen. Es sind meistens mehr, als wir denken! Einfach einmal für alle dankbar sein.

☺ Wenn der Drang zu stark wird: Einen klaren Zeitraum definieren, zum Beispiel zehn Minuten, und in dieser Zeit drauflosjammern. Danach ist Schluss. Das hilft, Dampf abzulassen, und verhindert, dass wir die Jammerstimmung den ganzen Tag mit uns herumtragen.

Übrigens:

Mich interessieren Tragödien nicht, weil ich mir nicht stundenlang ansehen möchte, wie es NICHT geht. Im alten Griechenland sind nach Tragödien im Theater die Spaßmacher gekommen, um auf das Wichtigste aufmerksam zu machen: Das Leben geht weiter.

Ich will Möglichkeiten und Ideen sehen. Ich will hören, wie etwas funktionieren könnte. Keine Patentrezepte, sondern Vorschläge, auf die man aufbauen kann.

Jammern ist langfristig Gift, das Lähmung erzeugt. Nach Lösungen zu suchen ist anstrengend, aber es lohnt sich. So einfach ist das.

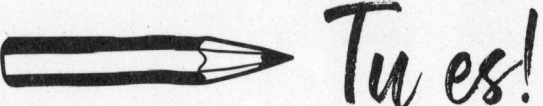 *Tu es!*

JAMMERE LOS!
JAMMERE ZEHN MINUTEN LANG AUS VOLLEM HERZEN. NIMM DEIN
GEJAMMER AUF, ODER SCHREIBE AUF, WORÜBER DU JAMMERST:

_____

_____

_____

_____

JETZT NIMM ALLES, WORÜBER DU GEJAMMERT HAST, UND ÜBERLEGE,
WAS DU TUN KANNST, DAMIT DU NICHT MEHR JAMMERN MUSST.

ICH JAMMERE ÜBER _____, WEIL _____

ABER ICH MACHE JETZT 1)_____

2)_____

3)_____

TRAGÖDIEN IN MEINEM LEBEN:

HILFE, ICH _____

SCHRECKLICH, WEIL _____

DER ALBTRAUM NAMENS _____

ICH KRIEG DIE KRISE WEGEN _____

NIEMALS BESSER WIRD _____

EIN BÖSES ENDE SEHE ICH _____

ICH ARMES OPFER, DENN _____

SO, JETZT NIMM JEDE TRAGÖDIE, UND VERSUCHE
SIE IN EINE KOMÖDIE UMZUWANDELN:

NA ALSO, GEHT JA, DASS _____

ICH BIN VERRÜCKT NACH _____

UND DANN KAM MIR DIE IDEE _____

AUF EINMAL DACHTE ICH MIR, STATT _____

DIE ERLEUCHTUNG KAM UM 13.22 UHR, DA WUSSTE ICH, WIE _____

SCHLUSS JETZT MIT_____, JETZT WERDE ICH _____

DAMIT ICH WIEDER LACHEN KANN, MACHE ICH _____

Wie ich herausfinde, was ich wirklich will

Es ist oft so viel einfacher zu sagen, was wir nicht wollen. Negativ zu sein fällt uns allen viel leichter, als positive Vorstellungen zu entwickeln. Genau diesen Hang zum Negativen habe ich aber für mich nützlich gemacht.

In den Jahren, als ich allein war, hat mich eine Freundin gefragt: »Was wünschst du dir eigentlich für einen neuen Partner?«

Meine ersten drei Antworten waren Eigenschaften, die er NICHT HABEN SOLLTE.

Als es bei mir in meiner kreativen Arbeit nicht so recht weitergegangen ist, habe ich mich selbst gefragt, was und wie ich es gerne hätte. Natürlich sind mir ein paar Ideen gekommen. Vor allem aber musste ich an vieles denken, was mich zu dieser Zeit aufgeregt hat und was ich wirklich endlich beenden wollte.

Offen aber ist die Frage geblieben:

Was will ich eigentlich wirklich?!

Um das herauszufinden, habe ich einen Trick gelernt, der bei mir schon viele Male richtig gut geklappt hat.

Ich nehme mir ein leeres Blatt Papier zur Hand, teile es in der Hälfte auf und schreibe auf einer Seite alles nieder, was mir an der beruflichen, privaten oder sonstigen Situation nicht passt und wohin sie sich auf keinen Fall entwickeln soll. Da fliegt mein Füller nur so über das Papier.

Die eigentliche Arbeit ist dann der zweite Teil der Übung. Ich schaue mir jeden einzelnen Satz an, der da auf der Negativseite steht, und drehe ihn ins Positive. Das braucht manchmal ein bisschen Zeit, aber ich schwöre, es zahlt sich aus. Denn wenn ich mir die ins Positive umgedrehten Sätze am Schluss noch einmal alle durchlese, dann habe ich meistens schon eine viel klarere Vorstellung davon, was ich will.

Dazu ein Beispiel.

Vor einem Jahr habe ich mich mit dem Stil meiner Kleidung nicht mehr wohlgefühlt. Ich habe überlegt, mich umgesehen, in Magazinen geblättert. Trotzdem konnte ich kein Gefühl für einen neuen Stil bekommen. Also habe ich mich hingesetzt und aufzuschreiben begonnen, was ich alles nicht will:

Will nicht	Will
Zu ausgeflippt	Ungewöhnlich, mit dem gewissen Etwas
Zu normal	Sakkos und Hosen, die etwas Besonderes haben
Was viele tragen	Keine Marken, die es überall gibt
Zu viele Sachen, weil mir dann immer die Auswahl in der Früh so schwerfällt	Eine gut zusammengestellte Garderobe, wo ich weiß, wie ich kombinieren kann
Nur Jeans und weiße Hemden	Eine Mischung aus Jeans und Leinenhosen, Hemden in Farben, T-Shirts
Zu bunt	Farbe gemischt mit Blau, Schwarz und Weiß
Viel Schwarz und Grau	Dunkles Grün, Khaki, schwarze Sachen mit Muster oder interessanten Details

Als ich fertig war, wusste ich, dass ich Hosen, Hemden, Sakkos, T-Shirts und Schuhe suche, die durchaus etwas Klassisches haben dürfen, aber gleichzeitig auch immer etwas Besonderes. Das konnten Details sein, Muster, Farben, aber alles musste gut kombinierbar sein.

Ich wollte beim Einkaufen immer gleich sehen, wie sich die Sachen kombinieren lassen, damit ich beim Aussuchen in der Früh nicht zu viel nachdenken musste. Ich hatte ein Gefühl für die Farben und vor allem ein Bild vor Augen: Ich wollte neue Kleidung, die nicht zu ausgefallen und auffällig ist, nicht zu modisch, nicht wie aus dem Katalog, die aber trotzdem etwas Besonderes hat.

Ich hatte ein Gefühl in mir und habe schon spüren können, wie es sein wird, wenn ich mit meinem neuen Look in den Spiegel schaue.

Nun kommt das Beste, die größte Überraschung: Nicht lange nachdem ich meine Liste geschrieben hatte, gehe ich durch die Innenstadt. In einer Seitengasse stehe ich plötzlich vor einem Geschäft, an dem ich in den Jahren davor sicher fünfzig Mal vorbeigegangen bin. Ich werfe einen Blick ins Schaufenster und gehe hinein. Die Besitzerin war eine Frau, bei der ich früher in einem anderen Geschäft oft eingekauft hatte. Sie hatte mich immer gut beraten, so auch diesmal. Außerdem hatte sie genau die Sachen, die ich mir gewünscht hatte. Übrigens alles nicht teuer, gute Qualität und zum Wohlfühlen.

Wenn du nicht weißt, was du willst, finde alles, was du NICHT willst, und schreibe es auf eine Seite eines Blattes. Dann drehe jeden einzelnen Punkt ins Positive und schreibe ihn auf die andere Hälfte. So bekommst du ein klareres Bild. Garantiert!

 *Tu es!*

ICH WILL ABSOLUT NICHT UND UNTER KEINEN UMSTÄNDEN:

1) _____

2) _____

3) _____

4) _____

5) _____

6) _____

7) _____

JETZT LASSE ICH MEINE MAGIE WIRKEN UND DREHE ALLES
INS POSITIVE UM, DENN DANN WEISS ICH, ICH WILL:

1) _____

2) _____

3) _____

4) _____

5) _____

6) _____

7 _____

Wie du mit dem Leben tanzt

Mein Vorbild an Lebensfreude heißt Liesl. Ich kenne sie schon, seit ich ein Teenager war, und im April 2018 haben wir ihren hundertsten Geburtstag gefeiert. Liesl hat Schreckliches erlebt und lächelt trotzdem und fast immer. Wie schafft sie das?

Liesl ist in Mähren aufgewachsen, in einem Schloss. Im Zweiten Weltkrieg ist ihre Familie vertrieben worden und hat ihren Besitz verloren. Liesl ist mit ihren Eltern in eine kleine Wohnung nach Wien übersiedelt und war geknickt über diese Veränderung.

Da hat ihr Vater einen Satz zu ihr gesagt, der zu ihrem Lebensmotto geworden ist: »Das Wichtigste im Leben ist zu lächeln, auch wenn dir nicht danach ist.« Er hat gesagt, das mit der Wohnung ist jetzt, wie es ist, und damit leben wir. Anderen Menschen geht es viel, viel schlechter als uns.

Liesl hat damit und mit vielem anderen zu leben gelernt, und sie lächelt bis heute immer. Sie lächelt aber nicht gekünstelt oder krampfhaft. Liesl lächelt, weil es der inneren Haltung entspricht, mit der sie durchs Leben geht.

Sie war Ärztin, war beruflich erfolgreich, war verheiratet und hatte einen Sohn. In den letzten Jahren seines Lebens hat ihr Mann an einer schweren Krankheit gelitten, und Liesl hat ihn gepflegt. Als er dann gestorben ist, war sie fünfundsechzig Jahre alt, und es hat sich die Frage gestellt: »Was kommt jetzt noch?« Ein Jahr darauf ist durch Zufall ihre Jugendliebe wieder aufgetaucht, und die beiden haben – zwischen Kanada und Österreich pendelnd – kurzerhand das Leben gelebt, von dem sie beide das Gefühl hatten, dass sie es eigentlich immer schon hätten leben sollen.

Eine wunderschöne Zeit in Liesls Leben, aber dann ist etwas sehr Schlimmes passiert: Ihr Sohn, ein Tierarzt, ist mit Anfang sechzig an Krebs gestorben. Sie war damals schon Ende achtzig, und es war ein furchtbares Ereignis für sie, weil ihr Sohn auch ihr bester Freund war. Darüber ist auch die Beziehung mit Liesls Jugendliebe wieder auseinandergegangen, weil ihr Partner nach dem Tod ihres Sohnes zu ihr gesagt hat: »Reiß dich zusammen und wein nicht so viel.«

Da hat sie gesagt: Das lässt sie sich von niemandem sagen. Wenn sie traurig ist, dann weint sie, so viel sie will. Genauso wie sie sonst so viel lächelt, wie sie möchte.

Liesl lebt seither wieder alleine, und Weihnachten ist für sie kein Grund zum Feiern mehr, weil da einfach zu viele Erinnerungen hochkommen. Aber sie hat es trotzdem auch in den letzten zehn Jahren seit dem Tod ihres Sohnes geschafft, dem Leben jeden Tag etwas Positives abzugewinnen und ganz wörtlich aufrecht durchs Leben zu gehen.

Liesl bügelt ihre Geschirrtücher auch mit hundert Jahren immer noch selbst. Sie darf zwar nichts mehr tragen, was mehr als ein Kilo wiegt, aber das macht ihr nichts: Kochen konnte sie sowieso noch nie. Stattdessen lässt sie sich jeden Mittag von ihrer Heimhilfe über den Platz vor ihrer Wohnung hinüber ins Gasthaus bringen. Dort isst sie mit großem Genuss, und danach begleitet sie der Kellner wieder zurück zu ihrer Wohnung.

Sie schaut sich im Fernsehen mit Begeisterung Tennismatches an, sie liest, sie verbringt jedes Jahr drei ganze Monate im Warmbad Villach, liegt dort im Badeanzug unter einem Baum im Schatten und genießt ihr Leben.

Zu ihrem hundertsten Geburtstag habe ich für Liesl in meinem Garten hundert Luftballons steigen lassen und ihr hundert Rosen geschenkt. Es gab ein schönes Mittagessen, und sie war der glücklichste Mensch überhaupt. Sie hat das so genossen! Als ich mit ihr in den Garten hinausgegangen bin, hat sie sich aufmerksam umgeschaut: »Gott, sind diese Blumen schön, wie die jetzt alle zu blühen beginnen! Und schau, dort hinten werden die Sträucher auch schon grün.«

Bei dieser Gelegenheit hat sie mir auch die Geheimnisse ihres hohen Alters verraten, sie sind sehr einfach.

Liesls Geheimnisse:

🙂 Viel Bewegung

🙂 Guter Schlaf

🙂 Gesundes Essen

🙂 Nicht rauchen

🙂 Wenig Alkohol

🙂 Lächeln, auch wenn dir nicht danach ist

🙂 Immer interessiert und neugierig bleiben

Und ihre Schwiegertochter, die dabeigestanden ist, hat hinzugefügt: »Und ein Schuss gesunder Egoismus.«

Da hat Liesl einen Moment nachgedacht – und dann zugestimmt. »Weil Thomas, wenn du nicht dafür sorgst, dass es dir gut geht – was glaubst du? Dass es wer anderer tut?«

Recht hat sie, die Liesl. Aber es gibt noch etwas, das ich beobachtet habe, als sie mich an meinem eigenen Geburtstag zum Mittagessen eingeladen hat. Sie hat während der Mahlzeit mit mir ihr allererstes Selfie gemacht und das ungeheuer aufregend gefunden und sich selbst die Zunge herausgestreckt. Als ich ihr das Bild gezeigt und sie gefragt habe, ob ich es auf Instagram posten darf, kam sofort ein überzeugtes Ja!

Wenige Minuten später aber hat sie einen Krampf in der Speiseröhre bekommen. Sie konnte nicht mehr schlucken und musste sich Richtung Toilette entschuldigen. Wir waren besorgt, aber wenig später war sie zurück und hat sich lächelnd wieder an den Tisch gesetzt. Die geröstete Leber, die sie zuvor gegessen hatte, konnte sie nicht mehr weiteressen.

»Siehst du, um die Leber tut es mir leid«, hat sie gesagt. Aber sonst hat sie kein großes Aufhebens um den Zwischenfall gemacht und ihm einfach keine weitere Bedeutung geschenkt. Sie hat sich schnell erholt, und beim Dessert hat sie dann schon wieder zugeschlagen.

Was ich also von Liesl gelernt habe:

☺ Eine positive Lebenseinstellung, die nicht gekünstelt, sondern eine innere Haltung ist, erhält euch gesund, glücklich und macht froh.

☺ Was immer uns im Leben passiert: Wir haben die Möglichkeit zu entscheiden, wie wir damit umgehen.

☺ Wer sich mit hundert Jahren noch an den Frühlingsblumen im Garten erfreuen kann, hat eindeutig etwas im Leben richtig gemacht.

☺ Traurigkeit hat in einem gelungenen Leben ebenso ihren Platz wie Freude und Optimismus.

Ganz wichtig:

Auf viele Ereignisse in unserem Leben können wir nicht unmittelbar Einfluss nehmen: Katastrophen, Krankheiten, Todesfälle et cetera. Keiner von uns weiß, was morgen passieren wird. Deshalb bemisst sich Erfolg im Leben auch nicht daran, ob uns möglichst viel Gutes zustößt, sondern daran, OB WIR UNSER LEBEN MEISTERN.

Meine Freundin Liesl hat ihr Leben mit allen Ups und Downs gemeistert, und DAS macht sie für mich zum Vorbild.

Wer das Leben meistert, macht das Beste aus guten wie schlimmen Erlebnissen und lässt sich lebenslang nicht unterkriegen. Er genießt die schönen Momente voll und ganz im Hier und Jetzt und macht aus weniger schönen Augenblicken keine Tragödien. Das bedeutet es, mit dem Leben zu tanzen.

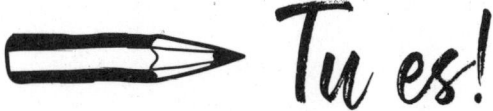

Tu es!

STELL DIR AM HANDY ODER AM COMPUTER EINE ERINNERUNG
FÜR DREI ODER SOGAR VIERMAL AM TAG EIN: LÄCHELN!

WAS IST MIR IN LETZTER ZEIT PASSIERT, DAS ICH NICHT SEHR MOCHTE?

1) _____

2) _____

3) _____

WAS KANN ICH DARAUS GUTES MACHEN ODER DARIN GUTES SEHEN?

_____

WORÜBER KONNTE ICH HEUTE SCHON LÄCHELN/LACHEN?

1) _____

2) _____

3) _____

WIESO MÖCHTE ICH 100 JAHRE ALT WERDEN?

_____

_____

_____

WAS KANN ICH IN MEINEM LEBEN VERBESSERN, DAMIT DIE
CHANCEN HOCH STEHEN, DASS ICH MEINEN 100. GEBURTSTAG FEIERE?

_____

_____

_____

Wieso Trauern wie Duschen ist

Falls jemand denkt, mein ganzes Leben wäre immer nur Jubel und Freude gewesen, dann irrt er. Ich habe – wie jeder andere – Verluste erlitten, Rückschläge und Enttäuschungen erlebt. Sie haben mich oft niedergedrückt, bis ich die Wichtigkeit von Trauer verstanden habe.

Fast alle Menschen wollen Trauer vermeiden. Sie ist unangenehm, schmerzhaft, und wer will schon Zeit mit einem trauernden Menschen verbringen? »Party Time« und »Happiness« sind viel angesehener und gefragter.

Ich war genauso. Traurigkeit und Trauer wollte ich immer mit allen Mitteln verhindern. Wie viele andere auch hatte ich den Wunsch, alles möge immer so bleiben, wie es in schönen Momenten war. Selbst wenn sich die Dinge verändert haben, habe ich eisern daran festgehalten, auch wenn es schon lange nicht mehr ging. Ich habe es entsetzlich unfair gefunden, mich gesträubt, und wütend bin ich auch geworden.

Hat es mir etwas genützt?

Nein!

Alles im Leben hat eine Spitze, einen Höhepunkt, nach dem es – zumindest für eine Weile – nicht mehr bergauf, sondern erst einmal ein Stück hinunter geht. So war es auch mit meinem beruflichen Erfolg. Als eine Zeit in meinem Leben da war, wo nicht jedes Buch auf der Bestsellerliste gestanden ist, wo mich andere Autoren überholt haben und meine Bücher nicht immer nur ganz vorne in den Buchhandlungen zu finden waren, da hat mich das zuerst einmal furchtbar erschreckt. »Es muss aber doch so weitergehen, es muss doch möglich sein, dass ...« – das war damals meine Einstellung.

Ich habe mich wahnsinnig an der Vergangenheit festgeklammert. Ich habe manchmal auch stur genau das Gleiche weitergemacht, was früher ein Erfolg war, in der Hoffnung, es würde wieder einer werden. Natürlich hat das nicht geklappt.

Schließlich habe ich auf einmal große Mengen an Haaren verloren. Das war nicht der normale, erblich bedingte Haarausfall bei Männern, sondern es lag am Stress, den ich mir selbst gemacht habe. Damals habe ich begriffen, dass wenn ich mit aller Gewalt versuche, etwas festzuhalten, das nicht festzuhalten ist, mein Körper eine Gegenbewegung startet. Er lässt etwas fallen, und wenn es nur die Haare sind.

Es hat lange gedauert, bis ich das eingesehen habe. Menschen sind stur, ich mindestens genauso sehr wie jeder andere, vielleicht sogar noch mehr. Ich bin auch nicht von alleine darauf gekommen, sondern habe erst viele Gespräche mit guten Freunden gebraucht, bis ich so weit war, mir selbst einzugestehen: »Du kannst es nicht festhalten. Den Erfolg nicht, und auch den Rest des Lebens nicht. Es ist einfach nicht möglich.«

Im Leben gibt es nur eine einzige
Sicherheit, und das ist die ständige
Veränderung.

Es ist relativ leicht, das theoretisch zu verstehen oder jemand anderem zu erklären, aber sauschwer, es selber zu beherzigen. Vor allem ist der Schmerz des Verlustes ein Stachel, der tief im Herz oder anderswo sitzt. Manchmal kann der Stachel die Größe eines Küchenmessers haben, und im schlimmsten Fall dreht er sich wie ein Harakiri-Dolch.

Verlust macht müde und bringt leicht depressive Stimmungen. Die Welt wird grau, am Morgen bist du müder als am Abend, und nichts scheint mehr weiterzugehen. Es ist zum Verzweifeln.

Der beste Rat, den ich bekommen habe, lautete: Trauere.

Nicht 24 Stunden am Tag, sondern nur eine bestimmte Zeit. Eine halbe Stunde zum Beispiel. Stell dir den Wecker am Handy, setz dich in Ruhe hin und vertiefe dich in die Traurigkeit. Gestehe dir ein, wie traurig es ist, wie es wehtut, wie schade es ist. Lass zu, dass du es gerne anders hättest, es unfair findest und es dich eben traurig macht.

Wenn ich meine Trauer so sehr zugelassen und gespürt habe, dann war das schmerzhaft. Allerdings war die Zeit begrenzt und wenn das Weckersignal erklungen ist, dann habe ich damit aufgehört. Die ersten zwei, drei Mal musste ich mich überwinden, diese bewusste Trauer durchzuhalten. Ich bin mir sogar seltsam vorgekommen. Weil ich es nicht zu Hause tun wollte, habe ich mir längere Autofahrten dafür genommen. Ich habe sogar traurige Musik dabei abgespielt.

Bald aber habe ich eine Erleichterung festgestellt. Nach dem Trauern habe ich mich ein klein wenig besser gefühlt, dann noch besser und schließlich erleichtert. Schmerz über die Veränderung und den Verlust war noch immer da, aber viel, viel weniger.

Ein Satz, den ich dazu gehört habe, lautet: Trauer ist wie das Blut, das die Wunde zur Heilung braucht.

Aus eigener Erfahrung kann ich nur sagen, dass es genau so ist. Es kann auch eine Narbe bleiben wie bei einer verheilten Wunde. Aber die Müdigkeit verschwindet, die Mutlosigkeit auch. Es ist eine Befreiung, die wieder leicht und beweglich macht, um Neues zu unternehmen und zu versuchen.

Ohne Trauer können wir von den Dingen, die uns wichtig geworden sind, nicht Abschied nehmen. Ich war 19 Jahre mit einem Partner zusammen, und die Beziehung hat furchtbar traurig geendet. Damals habe ich herausgefunden, dass es nach einem so großen Schmerz nicht funktioniert, sich in die nächste Beziehung zu stürzen. Wir kommen über so etwas nicht einfach hinweg, indem wir es beiseiteschieben. Ich kenne kein Beispiel, auch nicht in meinem gesamten Freundeskreis, wo das funktioniert hätte.

Ich musste erst durch eine wirklich lange und schmerzhafte Trauerphase durch. Ich musste verstehen, was da eigentlich wirklich passiert war, begreifen, dass nicht alles die Schuld meines Partners gewesen ist, sondern ich auch selber meinen Anteil an diesem Scheitern gehabt habe. Das war überhaupt nicht leicht. Ich habe nicht einfach mit dem Finger geschnippt und gesagt: »So, Thomas, jetzt trauerst du ein halbes Jahr, und dann geht das Leben weiter!«

Aber irgendwann, und das ist das Tolle an der Trauer, ist es mir wirklich besser gegangen. Eines Tages war ich so weit, dass ich zurückschauen und mir denken konnte: »Schön, dass diese Beziehung ein Teil meines Lebens gewesen ist. Da sind viele tolle und auch manche überhaupt nicht tolle Sachen passiert. Jetzt sind sie vorbei. Sie sind abgeschlossen und stehen wie ein schönes Stück in der Vitrine eines Museums.«

Die Stacheln, die diese Beziehung und ihr Ende bei mir hinterlassen haben, die sind dank der Trauer herausgefallen und nach und nach weggespült worden.

Meine wichtigsten Erkenntnisse:

Wenn ich aktiv trauere, kann ich den Rest des Tages auch lachen und fröhlicher sein. Ernsthaft zu trauern hat nichts mit depressiven Verstimmungen zu tun oder mit einer 24-stündigen zur Schau gestellten Verzweiflung.

Trauer ist wie eine Dusche oder eine Waschanlage. Sie wäscht uns so richtig gründlich durch, deshalb kann Weinen auch ein wichtiger Teil von ihr sein. Die Chance ist sehr groß, dass wir danach wieder frisch herauskommen und ruhiger und bestimmter durch das Leben gehen.

Gründliche Trauer ist die Voraussetzung dafür, dass es im Leben auch wieder bergauf gehen kann. Dass ich das Nachlassen meines Erfolges akzeptiert und aufgehört habe, mich selber unter Druck zu setzen, war extrem wichtig für mich. Danach habe ich die Lockerheit zurückgewonnen, um neue Projekte anzugehen, die mir dann endlich wieder Spaß gemacht haben. Und die sind dann später am allererfolgreichsten geworden.

Übrigens:

Trauern hilft auch bei Wut, denn wütend sind wir fast immer nur über etwas, das wir verloren haben. Selbst bei scheinbar kleinen Verlusten und Enttäuschungen, die wir jeden Tag erleben, sind ein paar Momente Trauer sehr heilsam.

Wir müssen erst durch die Waschanlage der Trauer, um nach einem Verlust wieder frisch von vorne beginnen zu können.

Tu es!

WAS HABE ICH IM LEBEN VERLOREN? WAS ERSCHEINT MIR WIE
EIN VERLUST? (DAMIT SIND NICHT NUR MENSCHEN GEMEINT.)

AB HEUTE TRAUERE ICH JEDEN TAG ZEHN MINUTEN DARÜBER.
ICH SETZE MICH IN RUHE HIN UND SPÜRE, WIE TRAURIG DIESER
VERLUST IST. ICH DARF MIR LEIDTUN UND ES UNFAIR FINDEN,
SOLANGE ICH WIRKLICH DIE TRAUER IN MIR SPÜRE.

NACH ZEHN MINUTEN ABER IST SCHLUSS, UND ICH GEHE
FÜR DIESEN TAG IN MEINEM LEBEN WEITER.
HIER MEIN PROTOKOLL:
XX MINUTEN GETRAUERT – MIR GEHT ES NUN VON 1–10 IN BEZUG
AUF DIESES THEMA (1 = SEHR SCHLECHT, 10 = AUSGEZEICHNET)

TAG 1: _____
TAG 2: _____
TAG 3: _____
TAG 4: _____
TAG 5: _____
TAG 6: _____
TAG 7: _____

Mehr Freude mit dir selbst

Warum ich den Gestank von Eigenlob mag

Wenn wir uns selbst kritisieren, sieht niemand darin ein großes Problem. Über die eigenen Fehler zu jammern und zu erklären, wie schlecht und schwach wir sind, ist ebenfalls durchaus akzeptiert. Wenn wir uns aber selbst loben, dann soll dieses Lob angeblich stinken. Genau dieser Gestank kann uns allerdings weiterhelfen.

Zuerst ein Geständnis: Ich bin mein schlimmster Kritiker und kann so wütend über mich werden, dass ich mich am liebsten selbst ins eigene Hinterteil beißen würde. (Wahrscheinlich wäre das eine der besten Dehnungsübungen überhaupt, aber darum geht es jetzt nicht.)

Sport war nie meine große Leidenschaft, schon damals in der Schule nicht, aber natürlich weiß ich, wie wichtig Bewegung ist. Ganz besonders für Leute wie mich, die den Großteil des Tages sitzend vor dem Computer verbringen.

Ich bin stolzer Besitzer eines Hometrainers und eines Rudergerätes. Beide Geräte sehen richtig gut aus und funktionieren großartig. Allerdings habe ich sie lange Zeit kaum benutzt. An jedem Tag, an dem sie unberührt dastanden und mich an meine Faulheit erinnerten, bin ich noch wütender auf mich geworden. Zum schlechten Gewissen kam auch noch viel Gemecker über mich selbst und missmutige Blicke auf den Speck an meiner Hüfte.

Mein Hund Joppy hat dann eine große Änderung in mein Leben gebracht. Joppy ist ein Jack-Russell-Terrier, und ich wurde, als ich mich für einen Welpen dieser Rasse entschieden habe, gewarnt, wie schwer er zu erziehen sein würde.

Mit neun Wochen ist Joppy bei mir eingezogen, damals gerade zwei Hände groß und nicht einmal 1,5 Kilogramm schwer. Ich habe davor viel über Hundeerziehung gelesen, und an oberster Stelle stand in allen Artikeln und Büchern:

Loben, loben, loben, wenn der Hund etwas richtig macht. Das Falsche ignorieren.

Das war gar nicht so einfach, wenn der kleine Joppy einfach nicht verstehen wollte, dass er seine Geschäftchen im Garten und auf der Straße und nicht im Haus machen soll. Wenn ich dann wieder eine Pfütze zu meinen Füßen fand, hat es mich einige Beherrschung gekostet, nicht loszuschimpfen. Dafür wurde Joppy für alles, was er draußen erledigte, über den grünen Klee gelobt und sogar mit den besten Hundekuchen belohnt.

Loben, loben, loben, sonst lernt der Hund es nicht!

Wenn das für Hunde gilt, wieso nicht auch für uns Menschen?

Wenn wir eine Gewohnheit verändern wollen oder etwas tun sollen, das wir nicht so gerne machen, dann brauchen wir Lob. Viel Lob. Natürlich können wir darauf warten, dass wir Lob von unserer Umwelt bekommen, aber wieso nicht von uns selbst?

Aus vollem Herzen sich selbst zu loben fällt zu Beginn gar nicht so leicht, aber es lohnt sich und gibt Schwung und Energie.

Es fällt ungleich leichter, sich selbst zu beschimpfen, als sich zu loben. Aber wieso sollten wir nach so einer Beschimpfung etwas lieber machen als vorher?

Es soll mir jetzt bitte keiner mit dem inneren Schweinehund kommen, den man überwinden muss. Auf den kann ich wirklich verzichten.

Ich denke lieber in schönen Zielen, die mir etwas bedeuten und die ich mir in glühenden Farben ausmale. Viele Ziele sind nicht leicht zu erreichen. Anstrengung ist nötig, Überwindung und jede Menge Eigenlob. Was soll daran stinken, wenn ich voller Freude erkläre, wie stolz ich bin, dass ich jetzt jeden Tag 15 Minuten am Hometrainer schaffe und 15 Minuten rudere?

Warum soll ich mich nicht für etwas loben, das ich gut gemacht habe, wenn es einfach stimmt? Natürlich ist es provokativ, wenn ich sage, dass ich den Gestank von Eigenlob mag. Aber ich denke, mittlerweile ist klar, was ich meine: Eigenlob kann bester Antrieb und Ansporn sein.

Wenn sogar mein Hund mit Lob am besten lernt und immer besser wird, dann ich doch auch.

Übrigens gibt es zu diesem Thema ein grammatikalisch nicht ganz korrektes, aber doch stimmiges Sprichwort, das meine Mutter öfters verwendet hat: »Bescheidenheit ist eine Zier, doch weiter kommt man ohne ihr.«

Was Eigenlob bewirken kann, das habe ich auch erlebt, als sich meine damals achtzigjährige Mutter den Oberschenkel gebrochen hat. Sie wurde operiert und lag im Krankenhaus neben einer sehr bemerkenswerten alten Dame. Diese Frau ist ebenfalls operiert worden und hat danach sofort begonnen, sich selbst vorzuführen, welche Bewegungen sie schon wieder machen konnte. Ich habe sie beobachtet, wie sie sich selbst für jeden Zentimeter anerkannt und gelobt hat. Meiner Mutter hat sie ständig stolz erzählt, wie große Fortschritte sie bei ihrer Genesung macht.

Meiner Mutter war es ein Ansporn, und sie hat mitgemacht. Die beiden alten Damen hatten auf der ganzen Abteilung die rascheste Genesung, weil sie sich selbst dabei angespornt haben.

Daher:

Wir alle loben uns viel zu wenig. Lob ist nicht nur in der Hundeerziehung das Wichtigste, sondern auch in unserem täglichen Leben. Vor allem, wenn wir etwas tun wollen, das wir eigentlich mühsam und anstrengend finden, gilt es, sich für jeden Schritt und jeden Erfolg zu loben.

Ein Tipp:

Wenn euch das Selbstlob unheimlich ist, weil ihr glaubt, es nicht wirklich zu verdienen, dann kann ich euch etwas empfehlen, das ich auch tue: Setzt euch nur messbare Ziele. Statt zu euch selbst zu sagen: »Ich sollte heute auf den Hometrainer«, und dann nach ein paar Minuten halb lobend und halb unzufrieden wieder herunterzuklettern, definiert lieber ein ganz konkretes Ziel. Also zum Beispiel: Ich nehme mir vor, 15 Minuten am Hometrainer zu strampeln. Wenn die 15 Minuten geschafft sind und ihr euch dann noch immer nicht loben wollt, dann finde ich das schade.

Zum Ausprobieren:

Stellt euch vor den Spiegel und lobt euch einmal fünf Minuten lang. Ich wette, dass das kaum jemand schafft. Tut es trotzdem, und lasst euch alles einfallen, was nur irgendwie lobenswert ist. Spürt die Kraft und den Schwung, den euch das Eigenlob gibt.

Nicht Eigenlob stinkt, sondern der Essig der Selbstkritik. Wer sich im Leben lobt und anerkennt, der wird sich besser fühlen und viel Kraft daraus schöpfen.

Tu es!

Mein Liebesbrief an mich selbst:

Liebe(r)_____,

schon lange wollte ich dir sagen, wie großartig ich dich finde. Es gibt so viele Sachen, die du ganz wunderbar machst.

Hier nur eine kleine Auswahl:

Du kannst_____

Du hast schon _____

Du bist einzigartig, indem du_____

Du siehst so gut aus, weil _____

Du kannst stolz sein auf _____

Du machst vielen Menschen Freude, wenn du _____

Du dachtest, du schaffst es nicht, aber dann hast du _____

Du wirst so sehr geliebt von _____

Du bringst (Namen)_____ zum Lachen.

Du hast einen Weg gefunden,_____

Es gibt so viele schöne Dinge an dir. Besonders liebe ich an dir:

1) _____

2) _____

3) _____

Vielleicht ist das eine oder andere noch nicht
ganz so gut oder schön oder gelungen, aber
du wirst das Folgende noch verbessern:

1) _____

2) _____

3) _____

Ich möchte dir jetzt in einem Satz beschreiben, wieso du so einzigartig, wichtig und liebenswert bist:

Das alles musste wirklich einmal gesagt werden.
Bitte mach so gut weiter!

In Liebe,

Dein(e) _____

Warum der Ernst des Lebens gefährlich ist

Wer erwachsen wird, für den ist die Zeit des Spielens vorbei.
Warum eigentlich? Ich glaube, wir können und sollen von
Kindern lernen, was zu einem geglückten Leben
auf jeden Fall dazugehört.

Es gibt kein Kind mit Burnout-Syndrom. Klingt selbstverständlich, aber überlegen wir uns doch für einen Moment, was das bedeutet. Im Gegensatz zu Erwachsenen sind Kinder auch nicht erschöpft: Ein langer Tag voller Spiele erschöpft sie nicht, er macht sie müde und lässt sie gut schlafen.

Warum aber sind wir Erwachsenen dann so oft erschöpft, selbst wenn wir genug geschlafen haben und es für Müdigkeit gar keinen Grund gibt? Warum schlittern Menschen in ein Burnout-Syndrom, auch solche, die in Stunden gemessen vielleicht gar nicht mehr arbeiten, als es ihre Eltern oder Großeltern getan haben?

Was machen wir, verglichen mit den Kindern, falsch?

Wir machen den Fehler, auf die falsche Art erwachsen zu werden und viele Dinge zu tun, die wir überhaupt nicht tun wollen, dafür aber glauben, sie tun zu müssen.

Jetzt werden viele Menschen einwenden: »Ja, du hast leicht reden, mit deinem kreativen Beruf, der nicht an fixen Arbeitszeiten hängt. Du kannst dir dein Leben natürlich spielerisch einteilen, aber die meisten Menschen können das eben nicht.«

Ich wage jetzt einmal, dem ganz entschieden zu widersprechen. Ich glaube, dass jeder selbst für seine Lebenseinstellung verantwortlich ist. Und ich bin überzeugt davon, dass jeder die Möglichkeit hat, seine Lebenseinstellung lebenslang hochzuhalten und zu ihrem Recht zu bringen, solange er oder sie weiß, was diese Lebenseinstellung wirklich bedeutet.

Unter Lebenseinstellung verstehe ich Unterschiedliches, vor allem aber ein Gefühl, wie sich das Leben für uns am besten anfühlt. Das ist bei jedem Menschen sehr verschieden, so wie Menschen selbst eben auch sehr verschieden sind. Für manche Leute ist das höchste Lebensgefühl ein lustvoller Zugang, wichtig ist aber auch der Einklang mit anderen. Es gibt Menschen, die Geborgenheit lieben, in dieser Geborgenheit aber ihre Freiheit wollen. Ich kenne Leute, die wollen, dass alles sehr glatt geht, gemütlich und ruhig ist.

Dieses optimale Grund-Lebensgefühl muss jeder für sich selbst herausfinden.

Lebenseinstellung bedeutet aber auch, wie ich mein Leben gestalten will und was für mich Wohlbefinden bedeutet. Wenn ich zum Beispiel ein Mensch bin, der sich vor allem dann wohlfühlt, wenn er viel Freizeit hat und die in

Ruhe und Harmonie mit Familie und Freunden genießen kann, dann darf ich eben keinen Job annehmen, in dem ich zwar viel Geld verdiene, der aber zugleich bedingt, dass ich wöchentlich verreisen muss, ständig im Stress bin und permanent Konflikte ausfechten muss.

Wenn ich mich dann darüber wundere, dass mich dieses Setting in ein Burn-out treibt, dann habe ich mir anscheinend nicht bewusst gemacht, wer ich bin und was ein gelungenes Leben für mich ausmacht.

Kinder dagegen spielen.

Was bedeutet spielen?

Spielen bedeutet, das zu tun, was dich mit tiefer Freude erfüllt, und das ist bei jedem Kind anders.

Als Erwachsene können wir das natürlich nicht mehr – aber können wir es wirklich nicht?

MÜSSEN wir unser Leben äußeren Zwängen und Gegebenheiten anpassen?

Jetzt kann ich wieder jemanden sagen hören: »Wenn ich dem Chef sage, dass er ein Trottel ist, werde ich gefeuert.«

Oder: »Ja, ich muss arbeiten, denn sonst kann ich meine Familie nicht ernähren.« Oder: »Das Leben ist eben nicht einfach und eine Fahrt auf Glatteis.« Oder: »Du hast ja wieder leicht reden. Du hast einen Traumberuf und Erfolg. Da ist alles einfacher.«

Letzteres will ich nicht leugnen. Aber vielleicht ist alles so gekommen, weil ich in meinem Leben sehr oft nach meinem tiefsten Lebensgefühl gelebt habe. Meine Beobachtung ist, dass ich die größte Freude erlebt und auch die erfolgreichsten Schritte gesetzt habe, wenn sich mein Leben am besten angefühlt hat.

Für mich ist es zum Beispiel wichtig, dass ich auf meine Ziele so richtig Lust habe. Mir macht es aber auch viel Freude, anderen auf etwas Lust zu machen. Zum Beispiel Lust auf das Lesen. Oder Lust auf Wissenschaft. Gleichzeitig ist es für mich sehr wichtig, dass ich mit den Menschen rund um mich in Einklang stehe. Das heißt nicht: Harmonie und Sonne, Wonne, Waschtrog. Ich fühle mich einfach wohl, wenn ich mit Menschen in dieselbe Richtung will. Ich bin kein großer Partygeher, darauf habe ich wenig Lust. Am wohlsten fühle ich mich mit meinen engen Freunden in gemütlicher Runde oder einfach zu Hause mit Ivo und meinem Hund.

Das sind nur einige Beispiele, wie und wo sich das Leben für mich nach Spiel anfühlt. Und wenn ich auf Menschen treffe, die ähnlich empfinden, dann geht die gemeinsame Arbeit viel einfacher.

Das bedeutet nicht, dass ich keine Hürden mehr zu bewältigen hätte. Es heißt auch nicht, dass ich es immer »leicht« hatte und nur den »einfachen« Weg gegangen bin. Es bedeutet, dass ich mich immer wieder, wenn ich vom Weg abgekommen bin, darauf besonnen habe, was mich am meisten erfüllt. Was sich am meisten nach Spiel anfühlt.

Wichtig ist mir, etwas klar zu sagen: Auch bei mir war nicht IMMER alles wunderbar und entsprach meinem Lebensgefühl. Manchmal habe ich Entscheidungen getroffen, die absolut nicht im Einklang mit mir selbst waren.

Das passiert.

Aber ich habe den Kurs korrigiert.

Es ist also sehr hilfreich, sich einmal in Ruhe zu fragen, wie sich das Leben am besten anfühlt. Wie will ich gerne leben und arbeiten? Das Leben nach den Antworten auf diese Fragen zu gestalten wird garantiert zu mehr Freude führen.

Viele Menschen brauchen die Struktur, 40 Stunden die Woche geregelte Arbeit zu haben, jeden Morgen ins Büro zu gehen und jeden Abend zur selben Zeit nach Hause zu kommen. Sie würden sich ohne diese Regelmäßigkeit verloren fühlen. Das ist völlig in Ordnung, wenn sie sich damit wohlfühlen.

Andere aber gehen ein wie eine Primel, wenn eine Fünf-Tage-Woche im Büro auf die Dauer ihr Alltag ist. Wem das so geht, der sollte das um Gottes willen nicht still erdulden und auf die Pension hoffen, sondern sich aktiv überlegen, wie er seine Fähigkeiten und seine Talente auf andere Weise nutzbar machen kann. Das mag am Anfang beängstigend sein, aber es muss ja nicht heißen, von einem Tag auf den anderen zu kündigen. Es kann auch bedeuten, sich erst einmal in Ruhe, aber zielgerichtet zu überlegen, wie ein Arbeitsalltag aussehen würde, der glücklich anstatt erschöpft macht.

Erwachsenwerden im positiven Sinn heißt deshalb für mich, in diesem Punkt von den Kindern zu lernen und sich daran zu erinnern, wie wir als Kind gelebt und agiert haben, sich einen guten Rückblick auf das schönste Lebensgefühl der eigenen Kindheit zu bewahren. Wenn ihr euch daran nicht mehr so genau erinnern könnt, dann fragt einfach nach: bei euren Eltern, euren Geschwistern oder anderen Menschen, die eure Kindheit miterlebt haben. Auch ein Blick ins Familienalbum kann Erinnerungen wachrufen und euch vor Augen führen, was euch als Kinder begeistert hat.

Was hat uns als Kindern Spaß gemacht und warum? Wie hat es sich angefühlt?

Warum soll es nicht möglich sein, auch als Erwachsener eine Tätigkeit zu finden, die wenigstens zum großen Teil diese Freude des Spielens wiedererweckt, die uns als Kinder beseelt und glücklich gemacht hat?

Viele Dinge, von denen wir glauben, dass wir sie tun müssen, sind nur Gewohnheiten oder Zugeständnisse an einen gewissen Lebensstil, der uns vielleicht gar nicht angemessen ist. Es zahlt sich aus, diese Zwänge zu hinterfragen und einmal ganz ungezwungen zu überlegen, was wir wirklich tun müssen – und was passiert, wenn wir es nicht tun?

Das braucht großen Mut. Aber der Blick auf die Kinder und die freie und glückliche Art, wie sie spielen (umso mehr, je jünger sie sind), kann uns diesen Mut geben.

Wichtig:

Der eigenen Kindheit treu zu bleiben heißt nicht, das Erwachsenwerden zu verweigern. Verantwortung abzulehnen und für immer ein Kind bleiben zu wollen ist nicht der richtige Weg.

Wirklich erwachsen zu sein bedeutet, euch das schönste Lebensgefühl der eigenen Kindheit in Erinnerung zu rufen und euch zu fragen, was sich daran so gut angefühlt hat. Vieles im Leben ist anstrengend. Aber grundsätzlich sollten sich Privatleben sowie Beruf nach einem großen Spiel anfühlen.

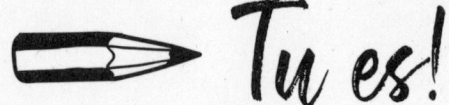

Tu es!

WAS ICH ALS KIND GERNE GESPIELT HABE:

ALLEINE HABE ICH _____

MIT MEINEN FREUNDINNEN UND FREUNDEN HABE ICH _____

MIT MEINEN ELTERN _____

BEIM SPIELEN HABE ICH MICH_____ GEFÜHLT.

WAS TUE ICH HEUTE, DAS SICH SO ANFÜHLT, WIE DAMALS DAS SPIELEN?

ICH MACHE ZU HAUSE _____

ICH MACHE MIT MEINER FAMILIE _____

ICH MACHE IM BERUF_____

ICH DENKE UND TRÄUME _____

WAS WILL ICH ANGEHEN UND DABEI WIEDER
MEHR ZU EINEM SPIEL MACHEN?

ZU HAUSE: _____

IM BERUF: _____

MIT MENSCHEN: _____

EINFACH SO FÜR MICH: _____

Warum es sich lohnt, Ja zu sagen, auch wenn dir die Knie schlottern

Wenn ich zurückblicke, dann bewundere ich den Mut, den ich manchmal aufgebracht habe. Wo habe ich den damals nur hergenommen? Doch genau dieser Mut war der entscheidende Faktor, der mich vorangebracht hat.

Begonnen hat es nach der Schule. Ich habe Theaterwissenschaften studiert und beim Fernsehen als Puppenspieler gearbeitet. Eines Tages stand der Leiter des Kinderprogramms vor mir, ein ziemlich forscher Mann. Er hat zu mir gesagt: »Ihr Studium ist nett und nutzlos. Sie müssen etwas Praktisches lernen. Bei mir in der Abteilung können Sie als Regieassistent arbeiten. Melden Sie sich bei meiner Sekretärin.«

Zu dieser Zeit hatte ich keine Ahnung, was ein Regieassistent genau tut. Ich hatte immer Angst vor Fehlern und davor, mich zu blamieren. Andere Leute unzufrieden zu machen oder meine Aufgabe nicht zu erfüllen waren für mich unerträgliche Vorstellungen.

Ich war mehr oder weniger ahnungslos und hatte all diese Ängste. Daher war meine Antwort:

Ja!

Wie ich diesen Mut aufgebracht habe, wundert mich noch immer. Ich bin in den folgenden Tagen auf die Regieplätze geschlichen und habe heimlich zugesehen, wie Sendungen im Studio aufgenommen wurden. Dabei habe ich immer mehr über die Tätigkeiten und Aufgaben von Regieassistenten erfahren.

Das hat aber noch nicht geheißen, dass ich das alles auch selbst tun konnte. Meine Zweifel an mir waren groß. Die ersten Regisseure, für die ich gearbeitet habe, waren keine besonders freundlichen oder sanftmütigen Menschen. Ich musste öfters bluffen und so tun, als würde ich mich auskennen und als hätte ich jede Menge Erfahrung.

Schlaflose Nächte davor waren die Folge. Durchgeschwitzte Hemden ebenfalls.

Hat immer alles geklappt?

Nein.

Habe ich aber aus meiner Angst und Sorge zu versagen heraus viel gelernt und mich gut vorbereitet?

Ja.

Hat es immer besser funktioniert? Waren die Regisseure zufrieden?

Ja, immer mehr und mehr.

Ich war erst 21 Jahre alt, als ich schon das nächste Angebot bekommen habe: Ich sollte bei Kindersendungen Regie führen.

Und wieder hat das gesamte Orchester an Zweifeln und Ängsten eingesetzt. Vor allem hatte ich es mit Kameraleuten zu tun, die meine Väter und Großväter hätten sein können und von denen ich einige als sehr überheblich erlebt habe. Sie hatten ihren Spaß daran, Regisseure »ausrutschen« zu lassen.

Also habe ich auch zu diesem Angebot gesagt:

Ja!

Wie verrückt habe ich mich vorbereitet. Zum Glück war ich als Puppenspieler schon lange Zeit vor der Kamera gestanden. Ich wusste, was für Darsteller wichtig ist. Erfahrungen im Regieraum hatte ich als Assistent gesammelt. Nun ging es darum, alles einzusetzen und umzusetzen.

Wieder habe ich mich vorbereitet, als hinge mein Leben davon ab. Ich habe Sendungen im Kopf viele Male durchgespielt und mir ständig überlegt, wie ich sie mit den drei vorhandenen Kameras einfangen kann. Zu Hause habe ich Regie »gespielt« und alle Kommandos gegeben, die ich später dem Schnittmeister geben musste, damit sie mir schnell und selbstverständlich von den Lippen kommen.

Meine Angst war eine großartige Triebfeder. Bei meiner ersten Regie hatte ich noch Schonfrist, aber sie ist auch so gut verlaufen. Als ich 25 Jahre alt war, hatte ich dann schon bei einigen hundert Sendungen Regie geführt.

Aber schon wartete die nächste Herausforderung: Ich wurde aus purem Zufall gefragt, ob ich vor die Kamera treten und eine Kindersendung präsentieren wollte. Kinderwurlitzer hieß sie, und eigentlich sollte ich sie als Redakteur betreuen. Aber weil damals im Kinderprogramm immer nur Frauen vor der Kamera auftraten, wurde ein Mann gesucht. Nur wollte keiner eine Kindersendung präsentieren.

Ich bekam das Angebot, und wieder ging es los mit Angst, Zweifel und einem etwas zaghaften:

Ja!

Und wieder bin ich gesessen, habe mir viele Sendungen angesehen und Präsentatoren beobachtet. Was hat mir gefallen? Was weniger? In meinem Wohnzimmer habe ich die Probesendung, die ich machen sollte, viele Male vor der Zimmerpalme gehalten. Sie war eine geduldige Zuseherin.

Ich habe auch diese Herausforderung geschafft, und so wurde ich Fernsehpräsentator.

Was ich gelernt habe:

☺ Klopft die Gelegenheit an die Tür,
versuche immer Ja zu sagen.

AUSNAHMEN: Wenn es unverantwortlich wäre, dass du eine Tätigkeit ausführst und du andere in Gefahr bringst. Ich meine nicht, dass sich jemand übernehmen soll!

☺ Angst vor dem Versagen, Zweifel,
Knieschlottern gehören dazu.

☺ Verwandle die Angst und Sorge in die größte Kraft, dich bestmöglich auf die Herausforderung vorzubereiten und das Beste daraus zu machen.

Gute Gelegenheiten und Herausforderungen kommen selten zweimal. Nütze sie, wenn sie bei dir anklopfen. Hab den Mut dazu!

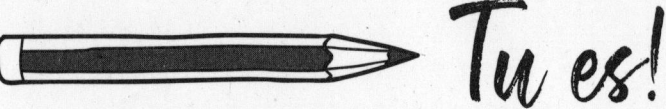

Tu es!

WELCHE GUTEN GELEGENHEITEN UND CHANCEN
HATTE ICH SCHON IN MEINEM LEBEN?

1) _____

_____

2) _____

_____

3 _____

_____

WELCHE HABE ICH ANGENOMMEN, WELCHE VERPASST?

_____

_____

_____

BESTEHT GERADE EINE GUTE GELEGENHEIT,
DIE ICH NÜTZEN KANN?

_____

_____

_____

_____

ICH SAGE JA, WENN ICH SPÜRE, DASS MICH EINE GELEGENHEIT UND HERAUSFORDERUNG WEITERBRINGEN KANN.

ICH SAGE JA, AUCH WENN ES MICH MUT KOSTET UND AUCH WENN ICH WEISS, DASS ICH NOCH NICHT ALLES DAFÜR KANN ODER HABE.

ABER ES GIBT EINEN GRUND, WIESO DIE GELEGENHEIT AUFTAUCHT, AUCH WENN ICH IHN NOCH NICHT VOLLSTÄNDIG ERKENNEN ODER VERSTEHEN KANN: DESHALB KANN ICH VERANTWORTEN, JA ZU SAGEN.

Wo es auf die richtige Mischung ankommt

Vor 500 Jahren hat ein Arzt namens Paracelsus gelebt, der einen wichtigen Spruch getan hat: »Alle Dinge sind Gift, und nichts ist ohne Gift; allein die Dosis macht, dass ein Ding kein Gift sei.« Das gilt meiner Meinung nach heute besonders für Internet und Social Media.

In jeder Diskussion zum Thema Lesen höre ich Folgendes: »Alle Leute sind nur noch am Handy. Den ganzen Tag tippen sie auf ihrem Smartphone herum. Alle interessieren sich nur noch für Social Media, für Facebook und Instagram. Kinder lesen immer weniger Bücher. Sie können nicht einmal mehr richtig lesen …«

STOPP! Ich halte das ständige Jammern über den Rückgang des Lesens für unnötig, weil Jammern auch in diesem Fall nichts bringt. Auch Schwarz-Weiß-Denken bei all den Möglichkeiten von Smartphones und Social Media ist völlig nutzlos.

Diskussionen dieser Art gibt es seit hundert Jahren!
Ehrlich.

Als ich vor fast dreißig Jahren begonnen habe, Bücher zu schreiben, habe ich in ähnlich pessimistischen Diskussionen wie den heutigen noch gehört, dass das »böse Fernsehen« Bücher und das Lesen killt.

Und als ich meiner 91-jährigen Lieblingstante Mitzi damals davon erzählt habe, hat sie schallend zu lachen begonnen und gesagt: »Zu mir haben sie als Kind immer gesagt: Mitzi, lies nicht so viel, damit verdirbt man sich nur die Augen.«

Übrigens habe ich damals, vor dreißig Jahren, prophezeit, dass wir eines Tages zu Kindern sagen werden: »Schau doch bitte wieder einmal fern und spiel nicht nur am Computer.«

Diese Zeit scheint gekommen zu sein.

Um Missverständnisse zu vermeiden: Ich liebe Bücher. Ich halte sie bis heute für ein wunderbares Medium. Ich mag gedruckte Bücher sehr, wenn ich reise, sind Bücher am E-Reader aber einfacher mitzunehmen.

Es ist von großer Wichtigkeit, dass wir Kindern die Freude an Büchern vermitteln. Das funktioniert aber nicht, indem wir sie mit erhobenem Zeigefinger darüber belehren, dass sie statt am Smartphone zu spielen lieber mehr lesen sollten. Dazu müssen sie vor allem Bücher in die Hände bekommen, die ihnen Freude bereiten.

Erwachsene sind hier aufgerufen, einen großen Schritt zurückzutreten und Kinder selbst wählen zu lassen, auch wenn das Buch in Erwachsenenaugen vielleicht »nicht so hochwertig« ist.

Die Technik des Lesens muss trainiert werden, damit sie gut und flüssig funktioniert. Kinder sind heute viel unterschiedlicher als je zuvor und lernen auch auf unterschiedliche Arten. Es gibt die sportlichen Typen, die langsamen, die akustischen Typen, die visuellen et cetera. Darauf, finde ich, sollte viel mehr Rücksicht genommen werden. Denn Lesen ist eine Fähigkeit, die jeder beherrschen muss. Aber nicht ausschließlich zum Lesen von Büchern.

In der Tat erfassen wir alle heute jede Menge Text beim Lesen im Internet. Selbst auf YouTube muss ich lesen, um die Videos zu finden und auszuwählen, die ich sehen will. Aber auf den meisten anderen Webpages gibt es noch viel mehr Text.

Wenn Kinder und Jugendliche heute auf Wikipedia surfen und Artikel nach Artikel ansehen, dann lesen sie.

Wir leben im 21. Jahrhundert, und wir stehen in einer Welt, in der ich aus vielen verschiedenen Medien wählen kann. Smartphones sind ein fixer Bestandteil des Lebens, und gute Erziehung verbietet und dämonisiert nicht, finde ich, sondern sie lehrt, mit all diesen Medien umzugehen und das Beste aus ihnen herauszuholen.

Dabei geht es aber nicht nur um Kinder. In manchen Gesprächen über »gute Literatur« und »böse Medien« für Kinder frage ich die erwachsenen Teilnehmer nach ihrem eigenen Medienverhalten, wie viel sie selbst lesen und wie viel oder wie wenig Zeit sie am Smartphone verbringen. Ich habe da schon einige rote Köpfe und einiges an Gestotter erlebt.

MÜSSEN wir heute Bücher lesen?

Nein, wir MÜSSEN nicht, und keiner ist ein schlechterer Mensch, wenn er keine Bücher liest.

Können uns Bücher noch immer großartige Geschichten und Informationen bieten, auf andere Art als Filme und Neue Medien?

Ja, das können sie, und es ist äußerst wichtig, dass Kinder dieses Erlebnis haben.

Und wenn sie sich dann doch von Büchern abwenden und andere Medien anziehender finden?

Dann geht die Welt auch nicht unter.

Ich persönlich möchte meine Geschichten gar nicht nur in Büchern erzählen. Ich versuche, alle Medien zu nutzen, und bin gespannt auf alles, was da noch kommt.

Ich habe in letzter Zeit Krimis in Bildern auf Instagram erzählt, in der sogenannten Insta-Story, ich erzähle auch auf Facebook in Videos, bei denen meine Follower abstimmen können, wie es weitergehen soll.

Ich glaube nicht, dass ein Medium böse ist und ein anderes gut. Manches ist einfacher zu konsumieren als anderes, das ja. Das bedingt unterschiedlichen Umgang, aber nicht, dass wir das eine verdammen und das andere in den Himmel heben sollten.

Gleichzeitig ist es schon meine Überzeugung, dass die Zeit, die Kinder täglich am Tablet, am Smartphone oder am Computer verbringen, limitiert gehört. Das heißt nicht, dass diese Medien gefährlich sind, es heißt aber, dass Eltern ihre Erziehungspflicht nicht auf ein Gerät abwälzen können. Zumindest ist es keine gute Idee. Da müssen Grenzen gesetzt werden. Aber damit die halten, muss es auch Alternativen geben. Das heißt, dass die Eltern sich mit ihren Kindern beschäftigen müssen. Und das kostet Zeit und Ideen.

Ich werde im Umgang mit Medien trotzdem immer Optimist und immer auf der positiven Seite bleiben. Der buddhistische Mönch Haemin Sunim, der eine Million Follower auf Twitter hat (darunter auch mich), hat einmal geschrieben: »Das Messer in der Hand des Chirurgen heilt, das Messer in der Hand des Mörders tötet.«

Ich selbst habe mir immer wieder Vorwürfe gemacht, dass ich zu viel Zeit mit Facebook und Instagram verbringe, zu viel Backgammon im Internet spiele und besser an meinem Buch schreiben sollte. Außerdem wäre es doch viel wichtiger, mehr zu lesen und mich weiterzubilden.

Das schlechte Gewissen hat an mir genagt, aber schlechtes Gewissen zählt zu den nutzlosesten Dingen, die es gibt. Es macht nämlich nur Probleme, bringt aber nichts.

Schließlich habe ich mich hingesetzt und »Sprechstunde bei Dr. Thomas« gespielt.

Ich habe mich selbst wie ein Therapeut gefragt, wie denn das nun wirklich und ganz genau bei mir ist, mit Social Media, Fernsehen, Lesen und Co.

Dazu habe ich einen Kreis auf ein Stück Papier gezeichnet und in ihn wie Tortenstücke die Zeit eingetragen, die ich mit verschiedenen Medien verbringe.

Es war ein interessanter Überblick, den ich jedem nur empfehlen kann. Danach hatte ich eine Unterlage in der Hand, um zu entscheiden, ob ich das so beibehalten will oder ob ich etwas am Verhältnis ändern möchte. Gegenübergestellt habe ich auch die Zeit, die ich mir für Bewegung nehme.

Gleichzeitig habe ich mir aber auch die Frage gestellt, wieso ich denn so viel Backgammon im Internet spiele. Meine Erklärung: Weil es mein Gehirn entspannt und mir Ideen kommen.

Seitdem habe ich die Regel, dass ich an Schreibtagen spielen darf. Aber in Summe nicht mehr als eine Stunde, und nur, wenn ich meine Tagesziele erreiche. Ich setze auch Limits, wie zum Beispiel: nur drei Spiele hintereinander. Außerdem höre ich auf, wenn ich gewonnen habe, denn das gibt mir ein gutes Gefühl für das Weiterarbeiten.

Ich stehe dazu, dass ich mir gerne Videos auf YouTube ansehe, und ich mag Instagram und alles, was ich dort sehen kann. Bücher lese ich trotzdem, aber wenn ich schreibe, will ich am Abend nicht schon wieder Buchstaben sehen. In dieser Zeit mag ich Videos und Bilder lieber, und ich finde das mehr als in Ordnung.

Schlüsse daraus:

☺ Wenn ihr wirklich davon überzeugt seid, dass ihr zu viel Zeit mit Internet, Fernsehen oder womit auch immer verbringt, dann hört trotzdem auf, euch dafür zu geißeln. Schreibt stattdessen eine Woche lang genau nieder, wie viel Zeit ihr mit welchem Medium verbracht habt. Vielleicht stellt sich heraus, dass euer Medienkonsum gar nicht so exzessiv ist, wie es euch vorkommt.

☺ Und wenn doch? Dann lässt sich das ändern! Sobald ihr wisst, wie viel Zeit ihr vor euren Bildschirmen verbringt, könnt ihr reagieren und euch gezielt einschränken.

☺ Wichtig dabei: Ihr müsst euch selbst in dieser Zeit etwas anderes bieten! Wenn ihr euch selbst nur etwas ver-bietet, werdet ihr am Ende sehnsüchtig in Richtung eures Smartphones starren und bald erst recht wieder dazu greifen.
Macht einen Ausflug, besucht einen Freund, oder zieht euch mit dem Buch, das ihr schon seit Monaten lesen wolltet, ohne Handy in ein gemütliches Kaffeehaus zurück.

☻ Statt über den Untergang der Hochkultur zu jammern, ist es doch viel hilfreicher, den größten Nutzen aller Medien zu entdecken und zu betonen.

☺ Kinder sollen alle Medien kennenlernen. Gute Erziehung setzt fest, welche Dosis von welchem Medium genossen werden darf.

☺ Die Alternativen zu elektronischen Medien gibt es, aber sie kosten Eltern Ideen und Zeit. Unbestritten sind sie es wert. Jedes Erlebnis mit Kindern kann eine Erinnerung ein Leben lang sein.

In der richtigen Dosis haben alle Medien etwas Gutes. Der besondere Nutzen jedes einzelnen Mediums ist wichtig, und ich finde, darauf sollten wir schauen, statt die Zeit mit Verteufeln zu verbringen.

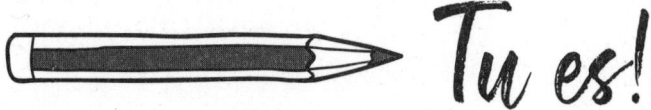

Tu es!

BESTANDSAUFNAHME:

WIE VIEL ZEIT VERBRINGE ICH MIT MEINEM SMARTPHONE?

_____

WIE VIEL ZEIT VERBRINGE ICH VOR DEM COMPUTER?

_____

WIE VIEL ZEIT BIN ICH AM TABLET?

_____

WIE VIEL SPIELE ICH AM TAG?

_____

WIE VIEL LESE ICH AM TAG, EGAL WAS?

_____

WIE VIEL ZEIT BIN ICH IN DER NATUR?

_____

WIE VIEL ZEIT VERBRINGE ICH MIT FREUNDEN?

_____

WIE VIEL ZEIT BIN ICH LUSTVOLL FAUL?

_____

WIE VIEL ZEIT VERBRINGE ICH MIT MEINER FAMILIE/MEINEN KINDERN?

_____

MEIN IDEALER MIX:
DU HAST NUR BEGRENZT ZEIT, WIE WILLST
DU SIE AM LIEBSTEN VERBRINGEN?
IN EINER WOCHE MÖCHTE ICH: (ZEICHNE IN DEN KREIS SEKTOREN EIN.)

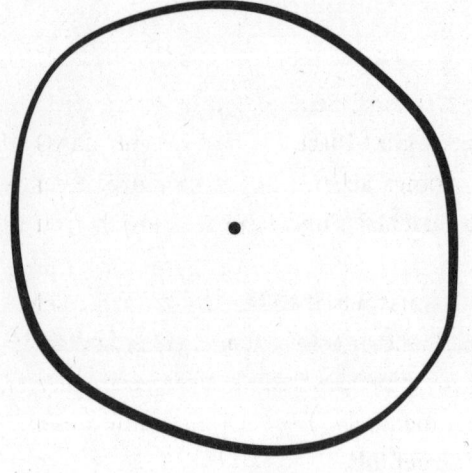

HANDY/SMARTPHONE	FAMILIE
COMPUTER/TABLET	FREUNDE
SPIELEN	SPORT
LESEN, EGAL WAS	FAULENZEN

Wieso mir billig viel zu teuer ist

Ich habe mich auch mit wenig Geld immer wohlhabend ge-
fühlt, weil ich die Arbeit machen konnte, die ich ma-
chen wollte. Warum Geiz gar nicht besonders geil ist,
habe ich später von einem Milliardär gelernt.

Wir brauchen keine Sekunde zu leugnen, dass Geld Bewegungsfreiheit gibt. Diese Freiheit hat mir das Geld, das ich im Laufe meines Lebens mit meiner Arbeit verdient habe, eindeutig verschafft, und darüber bin ich froh und dankbar.

Zugleich muss ich aber sagen, dass ich mich eigentlich immer wohlhabend gefühlt habe. Auch als ich 19 Jahre alt war und für eine Geschichte umgerechnet vielleicht 30 Euro bekommen habe, habe ich mich mit diesem Verdienst wohlhabend gefühlt.

Ein guter Freund, der Maler ist, hat mir außerdem sehr früh den Ratschlag gegeben: »Lebe im Rahmen deiner Möglichkeiten.« Ein Künstler, so hat er mir erklärt, sollte nie in die Position kommen, eine Arbeit annehmen zu müssen, die er eigentlich nicht machen möchte, um Geld zu verdienen, das er schon ausgegeben hat.

Ich habe mich an diesen Ratschlag immer gehalten. Das heißt nicht, dass ich mir nicht mit großer Lust schöne Sachen gekauft habe. In den Zeiten, in denen ich begonnen habe, sehr gut zu verdienen, habe ich mir Sachen gekauft, die ich mir heute nicht mehr kaufen würde. Ich habe zum Beispiel eine Phase gehabt, in der ich große Summen für schöne Armbanduhren ausgegeben habe. Das hat mir damals Freude bereitet, und ich habe mir eine richtige Sammlung solcher Uhren zugelegt. Inzwischen habe ich sie alle wieder verkauft, weil sie mir irgendwann nichts mehr bedeutet haben.

Aber auch damals, als ich noch Freude daran hatte, hätte ich nie eine Arbeit angenommen, die mich nicht interessiert, nur um mir eine weitere Uhr, ein Auto oder was auch immer kaufen zu können. Ich glaube, dass solche Entscheidungen, die man nur für das Geld trifft, sich letzten Endes oft auch finanziell als gar nicht so schlau herausstellen. Langfristig bringen die Dinge am meisten Erfolg, in die wir all unser Herz und unsere Leidenschaft investieren.

Ja, ich habe in meinem Leben auch Kredite aufgenommen und mich damit verschuldet. Gekauft habe ich mit diesem Geld aber zum Beispiel mein erstes Haus, also etwas, das seinen Wert behält oder sogar steigert. Ich konnte so schon früher das neue Wohngefühl genießen, gleichzeitig aber lagen die Raten in einer Größenordnung, von der ich wusste, dass ich es immer schaffen würde, sie zurückzuzahlen.

Wie wichtig ist jetzt also das Geld für unser Leben?

Es gibt einen wunderbaren Satz, der lautet:

>*Kannst du dich an deinen Kontostand*
von vor drei Jahren erinnern?«

Ich glaube, kaum jemand kann das.

>*Aber kannst du dich daran erinnern, was du vor*
drei Jahren mit deiner Familie gemacht hast?«

Hoffentlich lautet die Antwort hier Ja. Wenn das so ist, dann ist die Bedeutung von Geld schon relativ klar umrissen. Geld kann Bedeutung haben, wenn wir damit Erlebnisse erschaffen, die schöne Erinnerungen kreieren.

Geld an sich hat aber überhaupt keine Bedeutung. Du bist nichts Besonderes, wenn du einen hohen Kontostand hast. Es kommt immer noch darauf an, wie du dich gibst, wie du anderen Menschen gegenüber auftrittst, ob du freundlich und verlässlich bist. Geld ändert daran nicht das Geringste.

Ich habe es genossen und genieße es bis zum heutigen Tag, dass ich mir leisten kann, was mein Vater immer als den größten Luxus bezeichnet hat: Zeit und Platz.

Zeit bedeutet in diesem Zusammenhang auch, Leute dafür bezahlen zu können, dass sie mir Tätigkeiten abnehmen, die ich nicht tun will, und mich damit auf das konzentrieren zu können, was mir wichtig ist. Platz bedeutet, dass du ganz egal, wo du bist, ein bisschen mehr Platz um dich haben kannst.

Mehr braucht es nicht wirklich. Außer vielleicht einen Spruch, den mir einmal ein Milliardär verraten hat: »Ich bin nicht reich genug, um billig zu kaufen.« Das mag lächerlich klingen, wenn es jemand sagt, der über Milliarden verfügt. Aber es steckt eine große Weisheit darin. Oft ist es finanziell vernünftiger, länger zu warten und sich dafür, wenn man das Geld dafür zusammen hat, wirklich gute Qualität zu kaufen. Die Wegwerfgesellschaft sagt das Gegenteil, aber sagt sie das zu unseren Gunsten? Ich glaube nicht.

Was ich über Geld gelernt habe:

☺ Geld an sich ist bedeutungslos, es verleiht euch als Mensch keinen zusätzlichen Wert.

☺ Geld zu haben ist nützlich, weil ihr euch damit Zeit und Platz verschaffen könnt.

☺ Abgesehen von Essen und Wohnen, kann Geld dazu dienen, Erlebnisse zu kreieren, die bleibende Erinnerungen werden.

☺ Geld werdet ihr meistens dann machen, wenn ihr etwas mit ganzer Leidenschaft tut. Versuche, euch zu verbiegen, nur um damit Geld zu scheffeln, scheitern oft grandios.

☺ Niemand von uns ist reich genug, um billig zu kaufen – nicht einmal ein Milliardär. Soll heißen: Qualität vor Quantität spart euch langfristig sehr, sehr viel Geld.

Geld ist nicht wichtiger als die Erlebnisse, die wir damit in unserem Leben schaffen und dadurch bleibende Erinnerungen kreieren können.

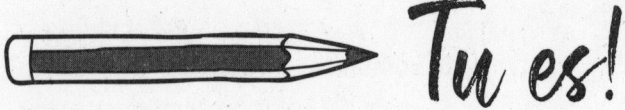

Tu es!

WIE VIEL VERDIENE ICH IM MONAT?

WIE VIEL GEBE ICH AUS UND WOFÜR?

WAS MÖCHTE ICH GERNE ANSCHAFFEN? WAS KOSTET GUTE QUALITÄT?

WIE VIEL GELD HABE ICH FÜR ERLEBNISSE, DIE MIR
IN SCHÖNER ERINNERUNG BLEIBEN WERDEN?

Woran ich glaube, weil es mir Kraft gibt

Glaube kann Berge versetzen, heißt es. Tatsächlich ist an Dinge zu glauben eine große Kraftquelle in meinem Leben. Was andere Leute von meinem Glauben halten, das ist mir allerdings egal.

Ich bin katholisch erzogen worden, aber ich lebe nicht katholisch. Persönlich verfolge ich seit längerer Zeit die Philosophie des Buddhismus – das ist für mich kein Glaube, sondern eine Lebenseinstellung. Allerdings gibt es auch Lehren aus dem Christentum, die ich hilfreich und gut finde. Der Glaube der amerikanischen Ureinwohner hat einige Grundsätze, die ich anwende. Die Schamanen auf Hawaii gehen mit der Energie des Lebens auf eine Weise um, die mir sehr nützlich, konstruktiv und hilfreich erscheint.

Mein Glaube ist also eine Mischung aus verschiedenen Ideen, Gedanken, Gebeten, Meditationen, Glaubenssätzen, Geschichten und Sinnsprüchen verschiedener Religionen und Denkrichtungen.

Ich denke, dass jeder Mensch im Alltag Halt braucht. Dafür muss jeder das tun, was ihm persönlich am meisten hilft. Ein Beispiel ist die Kraft der Dankbarkeit, und dazu gibt es eine wunderbare Geschichte Buddhas.

Buddha hat einmal gesagt: »Lasst uns dankbar sein für alles, was wir heute erreicht haben.« Darauf hat jemand, vielleicht einer seiner Schüler, geantwortet: »Ich habe heute aber nichts erreicht.«

»Gut«, antwortet Buddha, »dann lass uns dankbar dafür sein, dass heute die Sonne geschienen hat.«

»Heute war es aber bewölkt.«

Darauf Buddha: »Dann lass uns dankbar sein, dass wir jetzt heute hier sitzen können.«

»Ja, aber ich muss doch jetzt gleich gehen.«

Buddha denkt kurz nach und sagt dann: »Lass uns dankbar sein, dass wir heute am Leben sein können.«

Das finde ich weise. Das sind Gleichnisse, die funktionieren. Deshalb meine ich: Wenn Menschen sehr religiös sind und einem Glauben folgen – ich meine den Glauben, und nicht irgendeinen Fanatismus, das muss man klar unterscheiden – und ihnen das im Alltag hilft, sie begleitet und stützt: wunderbar. Der Glaube ist eine sehr persönliche Sache, die auf dieser ganz pragmatischen Ebene für jeden Einzelnen funktionieren und helfen sollte.

Die Huna-Schamanen auf Hawaii haben folgende Grundsätze:

☺ *Ike, die Welt ist das, wofür du sie hältst.*
Wir haben die Wahl, einen Tag als schön oder
schrecklich zu bezeichnen.

☉ *Kala, es gibt keine Grenzen.*
Wir setzen Grenzen mit unseren Gedanken im
Kopf. Diese Grenzen sollten wir immer wieder sehr
kritisch ansehen, ob sie wirklich zutreffen.

☺ *Makia, die Energie fließt dahin, wo die Aufmerksamkeit ist.*
Will ich mich auf die Lösung konzen-
trieren oder auf das Problem?

☺ *Manawa, jetzt ist der Augenblick der Macht.*
Jetzt ist der einzige Moment, in dem wir
handeln können. Und Macht kommt von machen.

☺☺ *Aloha, lieben heißt glücklich sein mit ...*
Sich selbst lieben, einen anderen Menschen
lieben, die Welt lieben – das gibt das
Gefühl, glücklich zu sein.

☺ *Mana, alle Macht kommt von innen.*
Wir haben so vieles in der Hand.
Wir können Dinge verändern, aber auch
unser Verhalten und unsere Sichtweisen.

☺ *Pono, Wirksamkeit ist das Maß der Wahrheit.*
Leben wir das Leben, das wir möchten? Was
müssen wir, was können wir verändern, damit unsere Vorstellung umgesetzt wird?

Für mich klingt das alles nicht nur sehr weise, ich kann es anwenden, es hilft mir, es bestärkt mich und es gibt mir Kraft.

Ich gehe gerne in Kirchen, setze mich in eine Bank und fühle diese Verbindung nach oben zu einer Kraft über mir. Ist das jetzt Gott, oder hat sie einen anderen Namen? Für mich spielt das keine Rolle. Ich sitze da, sehe mich um, genieße die Ruhe, spüre in mich hinein, fühle Verbundenheit.

An einer Messe teilzunehmen ist mir kein großes Bedürfnis, aber ich mache es. Denn auch in einer Messe gibt es viele Momente und Zeremonien, die mich berühren und die sich für mich kraftvoll und energetisch anfühlen.

Ich bete auch. Vielleicht nicht im christlichen Sinn, aber ich bitte, und gleichzeitig versuche ich so viel positive Energie wie möglich zu erzeugen. Nicht nur für mich, sondern auch für andere. Ich bete und bitte auch, wenn ich Hilfe in bestimmten Lebenslagen brauche, und ich rede gerne mit einer Kraft, die da rund um mich und über mir ist.

Bestimmt gibt es Leute, die meine Art des Glaubens kindlich finden oder zu einfach oder zu uneinheitlich. Mir ist das egal, denn mein Glaube ist etwas, das ausschließlich mir gehört, und ich erlaube mir, so zu glauben, wie es sich für mich am besten, stärksten und positivsten anfühlt.

Jeden Abend denke ich über drei Sachen nach, die untertags passiert sind und für die ich dankbar bin. Eine ganz einfache, kleine Übung, die glücklich macht. Und wenn ich in der Früh aufwache, mache ich noch einmal dasselbe:

Ich denke schon im Vorhinein über drei Sachen nach, die der Tag bringen wird und für die ich jetzt schon dankbar bin. Das macht einen Unterschied. Das ist meine Form von Glauben, meine Art des Gebets, die sich aber ständig weiterentwickelt und adaptiert.

Mein Motto lautet: Was funktioniert, sich für mich gut anfühlt, mich stützt, das darf bleiben. Was nicht so gut war, das vergesse ich wieder, ohne es erst groß zu kritisieren. Dogmen interessieren mich nicht, mich interessiert das Leben. In all seiner Veränderung, in seinem ständigen Wandel. Das ist es, wofür ich existiere. Das ist meine ganz persönliche Art der Spiritualität.

Glaubenssätze:

☺ Ich glaube an das, wovon ich spüre und erfahre, dass es mir guttut.

☺ Was mich stärkt und mir Halt gibt, darf bleiben. Alles andere lasse ich ohne viel Ärger ziehen.

☺ Fanatismus ist keine Spiritualität, weil Fanatismus vom Leben wegführt.

☺ In der Früh und am Abend an die Dinge zu denken, für die ich dankbar bin, ist für mich eine der spirituellsten Praktiken überhaupt.

Das ganze Leben ist Energie. Glaube und Spiritualität bedeuten für mich, mit dieser Energie so konstruktiv und so heilsam wie möglich umzugehen.

Tu es!

WAS GIBT MIR KRAFT?

_____

WORAN GLAUBE ICH?

_____

WORAN WILL ICH GLAUBEN?

_____

WAS KÖNNTE MIR MEHR KRAFT GEBEN?

_____

WEN ALLES KÖNNTE ICH FRAGEN, WAS IHM ODER IHR KRAFT GIBT?

_____

_____

Meine Erkenntnisse, die mir die größte Freude gebracht haben

Wie ich finde, wenn ich nicht suche

Angestrengtes Suchen bringt uns im Leben oft nicht weiter,
das habe ich auf die harte Tour lernen müssen.
Erst als ich zu suchen aufgehört und mich entspannt habe,
sind viele Dinge fast von alleine zu mir gekommen.

Wenn ich zu schreiben beginne, dann kann es passieren, dass mir einfach nichts einfällt. Mein Kopf fühlt sich dann an wie eine große, leere Lagerhalle.

»Hallo, irgendeine Idee hier?«

Nein, keine Antwort. Sehr oft sitze ich dann vor dem Computer, starre den Bildschirm an und zermartere mir das Hirn, damit mir doch noch etwas einfällt. Mit viel Mühe und Anstrengung schaffe ich es dann meistens, dass mir ... – überhaupt nichts einfällt. Es ist oft zum Verzweifeln, und das tue ich dann auch.

Was ich herausgefunden habe: Wenn mir so etwas passiert, ist es das Beste, nicht mehr zu suchen. Ich stehe auf, gehe hinaus auf die Straße, spaziere herum, esse und trinke vielleicht etwas und denke einfach nicht mehr nach.

Wenn ich das tue, dann beginnen in meinem Kopf nach einiger Zeit ganz von alleine kleine Puzzleteilchen herumzuschwirren, die sich nach und nach zusammensetzen, bis plötzlich – PLING! – eine Idee da ist.

Ideen kommen – das habe ich festgestellt – oft dann, wenn ich ihnen nicht hinterherjage. Je entspannter ich bin, je weniger ich grüble, desto eher erscheinen sie. Das Gefühl, das sich mit ihrem Auftauchen einstellt, hat etwas Klares, Logisches, Leichtes. Es ist vergleichbar mit einem Puzzleteil, der in die Lücke im Bild passt. Ich liebe diese Momente, weil sie so befriedigend und zugleich so unerwartet sind.

Ideen kommen mir überall: Manchmal beim Schlafen (deshalb habe ich immer einen Notizblock neben meinem Bett liegen), unter der Dusche (dort ist mir, weil ich nicht nachgedacht habe, der Name Knickerbocker-Bande eingefallen), manchmal auch auf der Toilette. Mir fallen Ideen ein, wenn ich mit Leuten spreche, wenn ich abgelenkt bin, im Kino, im Theater, oder wenn ich in einem Buch blättere. Da kommt die Idee dann so aus dem Hinterkopf, und ich muss sie nur noch aufschreiben.

Suchen verkrampft das Gehirn

Aus diesem Grund heißt die Devise: Locker bleiben, ausschütteln, den Stress des Findenmüssens abwerfen. Wer nicht sucht, der findet oft am besten, das ist meine Erfahrung. Entspannen und sich ablenken. Vor allem mit etwas, das Freude macht.

Aber das gilt nicht nur für Ideen, sondern für alle Lebensbereiche.

Mir macht das Leben am meisten Spaß, wenn ich in einer Partnerschaft lebe. Ich teile einfach gerne alles und finde, gemeinsam Freude zu haben bedeutet, doppelt so viel Freude zu haben. Aus diesem Grund war es für mich schrecklich, als vor einigen Jahren eine sehr, sehr lange Partnerschaft geendet hat. Ich war gestrandet wie ein Schiffbrüchiger auf einer einsamen Insel. Ich war so allein und verloren, dass ich sofort begonnen habe, nach einem neuen Partner zu suchen. Immer und überall. Meine Augen sind nur so herumgewandert, ganz egal, wo ich gegangen oder gestanden bin. Natürlich habe ich auch im Internet und auf Apps nach einem neuen Partner gesucht.

Außerdem war ich schrecklich traurig. Rund um die Uhr hatte ich nur einen Gedanken: Alles wäre um so viel schöner, wenn ich wieder einen Partner hätte. Die Welt hat für mich ausgesehen, als wäre ständig November und Nebel.

Und der Erfolg meiner pausenlosen Suche war: eine Pleite nach der anderen.

Es war frustrierend. Ich muss zugeben, ich habe auch einige interessante Erfahrungen gemacht. Ich habe zum Beispiel Menschen kennengelernt, die sich wunderbar als Bösewichte für meine nächsten Krimis eignen. Auch komische Figuren oder solche, die ich am liebsten durch Sonne und Mond geschossen hätte.

Trotzdem war ich noch immer alleine.

Ein Freund hat dann zu mir gesagt: »Thomas, was du tun musst, ist, ein sogenanntes Me-Project starten.«

Was, bitte, ist ein Me-Project?

Ganz einfach. Du richtest dir dein Leben dabei so ein, dass es sich für dich gut anfühlt. Nur mit dir allein. Du streichst den Gedanken, dass alles mit einem Partner oder einer Partnerin schöner wäre. Wie so ein Me-Project genau funktioniert, erzähle ich im nächsten Kapitel.

Bei mir hat es jedenfalls Wirkung gezeigt. Ich habe begonnen, nur mit mir gut zu leben, und war mir selbst der beste Partner.

Parallel zu meinem Me-Project habe ich aber noch etwas anderes gemacht. Das mag jetzt widersprüchlich klingen, ist es aber nicht:

Ich habe in mir ein Gefühl erzeugt, als hätte ich schon einen neuen Partner.

Ich habe mir das Glück und die Freude vorgestellt, die ich empfinde, wenn ich meiner besten Freundin Carmen davon erzähle. Meine Halbschwester Iris hat mir einen Song vorgespielt (»Wie Weihnachten von Herr Tischbein«), in dem es darum geht, wie schön es ist, eine neue Liebe zu haben. Diesen Song habe ich mir ständig angehört, und das Gefühl, das mich dabei überkommen hat, das habe ich genossen.

Das alles hat mir den Druck genommen, »suchen zu müssen«. In mir hat sich ein Vertrauen aufgebaut, dass ich finden werde, weil ich mich ja schon so gefühlt habe, als hätte ich gefunden. Außerdem habe ich mich mit mir selbst wohler gefühlt als je zuvor.

Drei Wochen später habe ich Ivo, meinen neuen Partner, getroffen. Wir kannten einander schon seit Monaten. Aber erst dann hat es klick gemacht.

Und warum? Weil wir beide nicht mehr so verkrampft nach jemandem gesucht haben, ich nicht, und er auch nicht. Ivo wollte zu dieser Zeit sogar in ein anderes Land ziehen und hatte alles dafür vorbereitet. Aber heute sind wir stattdessen verheiratet.

Es gilt also auch in der Liebe: Wer nicht sucht, der findet oft am besten.

Schaffe ich es immer, so locker zu bleiben, fröhlich durchs Leben zu gehen und nicht verkrampft vor dem Computer zu hocken? Nein, das schaffe ich nicht immer. Ich quäle mich nach wie vor.

Aber schneller als früher schaffe ich es, mir zu sagen: »Thomas, Schluss! Aufstehen und raus.« Das tue ich dann auch, und das hilft mir.

Was mir hilft:

☺ Gehen, gehen, gehen (für manche ist es Laufen, aber das tut meinen Knien nicht gut).

☼ Ablenken und etwas tun, auf das ich mich sehr konzentrieren muss. (Ich spiele während des Schreibens oft Backgammon am Computer. Wenn ich spiele und nicht mehr denke, tauchen Ideen auf.)

☺ Jemandem von meiner Geschichte erzählen. Dabei nicht jammern, dass ich nicht weiterkomme, sondern einfach reden. Sehr oft kann ich dann auf einmal weitererzählen und spüre, dass meine Ideen richtig sind, weil sie einfach zusammenpassen.

😳 Mir vorstellen, dass ich die Geschichte schon fertig habe und mir jemand erzählt, wie gut sie ihm gefallen hat.

☺ Lachen! Herzhaft Blödsinn machen!

Suchen verkrampft das Gehirn. Je lockerer wir werden, umso eher finden wir das, was wir so dringend ersehnen, suchen oder wollen.

Tu es!

WAS HABE ICH IN DER VERGANGENHEIT (VERKRAMPFT) GESUCHT?

_____

WIE UND WANN HABE ICH ES GEFUNDEN? WAR DA EIN
MOMENT VON »NICHT SUCHEN«, DER MIR GEHOLFEN HAT?

_____

GIBT ES DERZEIT ETWAS, DAS ICH (VERKRAMPFT) SUCHE?

_____

WIE KANN ICH BESTMÖGLICH OHNE DAS GESUCHTE LEBEN?

_____

WAS TUT MIR GUT, WAS LENKT MICH AB?

_____

GRATULIERE,

HABE _____ NICHT GESUCHT UND GEFUNDEN!
ZUR ERINNERUNG FÜR SPÄTER!

Wie ein Me-Project funktioniert und hilft

In meinem Leben habe ich immer wieder gedacht,
irgendjemand müsse mich »erretten«. Egal, ob es um eine neue
Beziehung oder um das Weiterkommen im
Beruf gegangen ist. Wildes Suchen und der Glaube an
Retter haben mir wenig geholfen. Ein Me-Project dafür sehr.

Die Idee eines Me-Projects ist sehr einfach. Da ich klare, einfache Ideen und Gedanken sehr mag und für sehr hilfreich halte, hat mir die Funktionsweise eines Me-Projects schnell eingeleuchtet.

Es geht dabei darum, das Leben SELBST so zu gestalten, dass es sich gut anfühlt, AUCH OHNE DAS, WAS WIR UNS GERADE WÜNSCHEN. Das Steuer müssen wir dabei immer selbst in der Hand halten und das, was wir so gerne hätten, einfach einmal nicht mehr so wichtig nehmen – oder noch besser: vergessen.

Als ich bei meiner Partnersuche nach fast drei Jahren sehr frustriert war und den Rat bekommen habe, ein Me-Project zu starten (ein Freund hatte auf diese Weise eine neue Liebe gefunden, die seit vielen Jahren hält), habe ich mir folgende Fragen gestellt:

☺ Was macht MIR Freude?

☺ Was wollte ICH schon immer machen?

☻ Welche Sportart kann ICH JETZT betreiben?

☺ Wie kann ICH MICH am besten verwöhnen?

☺ Wen würde ICH gerne treffen?

☺ Wohin möchte ICH fahren?

☺ Was will ICH alles tun?

☺ Was begeistert MICH, was stärkt MICH?

Ich habe mich hingesetzt und ganze Listen an Dingen angefertigt, die ich gerne machen möchte.

Einige Beispiele:

☺ Ich möchte sehr gerne Ukulele spielen lernen.

☺ Ich will jede Woche mindestens dreimal
schwimmen gehen.

☺ Einmal pro Woche gönne ich mir eine Massage
oder einen Besuch beim Osteopathen, damit ich
körperlich im Gleichgewicht bin.

☼ Ich wollte schon immer in England in den Lake District fahren, wo im Herbst das Laub besonders bunt ist.

☺ In Wien und in England möchte ich treffen: (Es folgte eine Liste an Namen von Leuten, die ich schon länger nicht gesehen hatte.)

☺ Ich will mir mehrere Serien im Fernsehen ansehen, weil es bei mir neue Ideen auslöst und anstößt.

☻ Jeden Tag meditiere ich zehn Minuten lang. Nur zehn Minuten, die aber täglich und wirklich und ernsthaft.

☺ Ich gehe in Ausstellungen, was ich schon lange nicht getan habe. Außerdem in kleine Theater in London, die ich noch nie besucht habe.

Fast alles, was ich aufgelistet habe, habe ich auch wirklich getan. Punkt für Punkt wurde abgehakt. Es hat bei mir ein immer größeres Gefühl an Freude ausgelöst, an Lebendigkeit und Leichtigkeit. Vor allem aber habe ich mich als Pilot meines Lebens gefühlt.

Einen Gedanken habe ich dabei wirklich zu vermeiden:
»Ach, es wäre so viel schöner, wenn ich das alles mit jemandem teilen könnte.«

Stattdessen habe ich zu mir gesagt:

»Du kannst es derzeit eben nicht. Punktum, Schluss. Lebe damit. Jammere nicht herum.

Verwöhne dich! Genieße! Freue dich an allem, was du unternehmen kannst, und denke auch einmal an die Vorteile des Alleinseins. Du musst niemanden fragen, ob ihm etwas recht ist, du musst auf niemanden Rücksicht nehmen, du kannst deine Zeit einteilen, wie du willst, du kannst den ganzen Tag Serien auf Netflix ansehen, du musst dich nicht rasieren oder herrichten, kannst auch einmal so richtig herumgammeln und so weiter.«

Ein Me-Project hat die Kraft, uns die positiven Seiten des Alleinseins vor Augen zu führen, und die gibt es eben ganz eindeutig auch. Wenn es uns gelingt, die im Rahmen eines Me-Projects nur mit uns selbst verbrachte Zeit so richtig zu genießen, dann können wir daraus eine große Kraft schöpfen. Eine Kraft, die in uns bleibt und die auch später, wenn wir dann nicht mehr alleine sind, jede neue Beziehung bereichern und glücklicher machen wird.

Habe ich mich deshalb nicht mehr einsam gefühlt?

Nein. Dieses Gefühl ist trotzdem aufgetaucht. Aber ich habe es viel schneller in den Griff bekommen können, weil ich mir dann eben etwas Neues von meiner Liste vorgenommen und getan habe. Das Alleinsein war nicht mehr so schmerzhaft und hat nicht mehr eine so große, undurchdringliche Wand vor mir gebildet.

Im Beruf oder in anderen Lebensbereichen sind Me-Projects genauso möglich.

Es gab bei mir zum Beispiel Zeiten, da hatte ich beim Fernsehen nicht so viele Aufträge, obwohl ich so viele Ideen gehabt hätte. Eine Zeit lang war ich frustriert, verärgert, wütend und sauer. Schließlich aber habe ich mich hingesetzt und mir überlegt, was ich JETZT alles tun kann, das mich begeistert.

Wieder ist eine Liste entstanden. Auf ihr standen Punkte wie:

☺ Erfinde Konzepte für Sendungen

☻ Dreh mit dem Handy Videos, und probier im Kleinen aus, wie die Ideen aussehen könnten

☺ Schau fern und mach Notizen, was dich dabei begeistert und warum

Aus dieser Zeit gewann ich dann eine Menge an Grundideen und auch an neuem Wissen. Auch wenn ich davon später wenig konkret verwenden konnte, hat mich all diese Arbeit zu völlig neuartigen Projekten geführt, die ich schließlich umsetzen konnte. Die Möglichkeit dazu kam zu einer Zeit, als ich nicht damit gerechnet hatte, und von einer Person, von der ich niemals gedacht hätte, dass sie an meinen Sendungen interessiert ist.

Weil ich aber losgelassen hatte, ist wohl viel mehr möglich geworden, als ich mir erträumt hätte.

Wichtig:

☺ Bei einem Me-Project geht es immer darum, euer Leben zu verbessern und zu bereichern, OHNE auf die Unterstützung eines anderen zu hoffen oder etwas gemeinsam machen zu wollen.

☺ Das hat nichts mit Egoismus zu tun.

☺ Ein Me-Project ist eine Überprüfung, was uns wirklich glücklich macht und gerne am Leben sein lässt, ohne von anderen Menschen oder äußeren Umständen abhängig zu sein. Was wir dabei über uns selbst lernen, wirkt sich in Beziehungen und bei Projekten später doppelt und dreifach positiv aus.

☺☺ Auch wenn ihr mit eurem Job unzufrieden seid, könnt ihr ein Me-Project ausprobieren. Das Projekt kann eine Mischung aus Fortbildung, etwas Interessantes lesen oder ansehen, Gesprächen über Berufsmöglichkeiten und zum Beispiel dem Sammeln von Bildern und Artikeln über schöne Arbeitsplätze und Karrieren sein.

Ein Me-Project ist ein Schlüssel zur Freude mit dem eigenen Leben und seinen Möglichkeiten. Es gibt uns ein Gefühl der Unabhängigkeit und der Eigenständigkeit. Statt auf eine gewünschte Veränderung verzweifelt zu warten, sind wir Piloten auf interessanten Entdeckungsflügen.

Tu es!

MEIN ME-PROJECT:
WAS KANN ICH ALLES TUN, DAS MIR GUT-
TUT UND MEIN LEBEN BESSER MACHT?

_____

WAS ICH SCHON IMMER ERLEBEN WOLLTE:

_____

WAS ICH SCHON IMMER LESEN WOLLTE:

_____

WAS ICH SCHON IMMER SEHEN WOLLTE:

_____

WAS ICH SCHON IMMER AUSPROBIEREN WOLLTE:

_____

WAS ICH SCHON IMMER MACHEN WOLLTE, DAMIT ICH MICH MIT MIR WOHLER FÜHLE:

_____

WAS ICH SCHON IMMER IN MEINEM ZUHAUSE VERSCHÖNERN WOLLTE:

_____

WEN ICH SCHON IMMER TREFFEN WOLLTE:

_____

WOHIN ICH SCHON IMMER REISEN WOLLTE:

_____

WAS MEIN GEHEIMSTER WUNSCH IST, DEN ICH MIR ERFÜLLEN WILL:

_____

Warum Spinner Gewinner sind

Als Kind war ich sicherlich das, was man einen
Spinner nennt. Ich habe entsetzlich darunter gelitten,
mich ausgeschlossen und minderwertig gefühlt.
Aus heutiger Sicht aber weiß ich, dass meine
»Spinnerei« wohl das Wichtigste und Beste war,
was mir passieren konnte.

Ich war ein Kind, das viele Leute vor ein Rätsel gestellt hat. Meine Eltern haben mich zwar verstanden und unterstützt, aber für die meisten anderen war ich ein ungewöhnlicher Fall. Ich habe mich schon immer für Puppentheater interessiert und mit meinem Großvater gemeinsam Theaterkulissen aus Papier für meine Aufführungen gebastelt. Eine schöne Puppe zum Theaterspielen zu bekommen war für mich das tollste Geschenk überhaupt.

Weil mich der Fernsehclown Habakuk so begeistert hat, habe ich ihm mit zehn Jahren einen Brief geschrieben: Darin ist gestanden, wie gut mir seine Arbeit gefällt und dass ich das alles gerne näher kennenlernen würde.

Als ich dann 14 oder 15 Jahre alt war, habe ich Habakuk durch Zufall persönlich kennengelernt und begonnen, neben der Schule als Puppenspieler bei ihm zu arbeiten. Während meine Schulkollegen im Kaffeehaus gesessen sind und ihre ersten Zigaretten geraucht haben, habe ich bei Kasperl-Aufzeichnungen für das Kinderfernsehen mitgemacht und war total stolz darauf. Bin ich dafür ausgelacht und belächelt worden?

Natürlich! Und wie.

War mir das egal?

Nein, überhaupt nicht! Es hat mich zutiefst verletzt. Aber ich habe trotzdem weiter das getan, was mir am meisten Spaß gemacht hat.

Nach der sechsten Klasse Gymnasium habe ich in den Sommerferien fünf Drehbücher für eine Kinder-Puppenserie geschrieben und damit den großen österreichischen Jugendpreis gewonnen.

Hat mir das Ansehen in meiner Klasse eingebracht? Haben die Lehrer mir gratuliert? Mein Deutschprofessor hätte doch sehr stolz sein können, oder nicht?

Er war es nicht. Im Jahresbericht meiner Schule ist der Jugendpreis nicht einmal erwähnt worden. Eine Mitschülerin, die damals bei einem Musikwettbewerb den dritten Platz gemacht hat, erhielt viel mehr Anerkennung.

Trotzdem aber habe ich mir weiter Kindergeschichten ausgedacht. Trotzdem war ich auch als Puppenspieler weiter tätig. Gott sei Dank habe ich Eltern gehabt, die mich dabei unterstützt und das alles nie belächelt haben. Ich habe damals pro Semester locker 120 Fehlstunden angesammelt, weil ich bei Fernsehaufzeichnungen mitgearbeitet habe.

Weil ich ein guter Schüler war, durfte ich das machen, meine Eltern haben es immer unterschrieben.

Aber: Ich war nie der Coole. Ich war kein guter Fußballer, bis heute habe ich Angst vor fliegenden Bällen. Unter meinen Schulkollegen hat es niemanden gegeben, der zu mir aufgeschaut oder es toll gefunden hat, was ich da gemacht habe. Nein, ich war für alle anderen ein Spinner. Damals hat mir das wehgetan, aber wenn ich heute darauf zurückblicke, dann sehe ich, dass es der einzig richtige Weg für mich gewesen ist.

Die Leute vom Jugendpreis haben außerdem die Drehbücher ans Fernsehen weitergegeben, sodass eines Tages der Chef des Kinderprogramms auf mich zugekommen ist und gesagt hat: »Das kann ich zwar nicht brauchen, aber wollen Sie nicht etwas anderes für mich schreiben?«

Das war der Beginn meiner Karriere. Gleichzeitig hat die Leiterin des Kinderradios von mir und meiner Leidenschaft für Geschichten für Kinder gehört und mich aufgefordert, Gutenachtgeschichten einzureichen. Auch das habe ich getan, und sie wurden angenommen. Diesen Geschichten folgten Hörspiele für Kinder, und die wiederum hat ein Verleger gehört, der mich angerufen und mich gefragt hat, ob ich nicht Bücher schreiben möchte.

In Österreich ist es weder angesehen, Kinderbücher zu schreiben, noch besitzt Kinderfernsehen in der Branche einen Stellenwert. Deshalb gab es früher noch weniger Leute als heute, die sich dafür interessiert haben. Meine Freude daran, meine Spinnerei, hat mir also einen großen Startvorteil verschafft.

Deshalb erzähle ich so oft davon. Weil ich allen Mut machen will, denen es ähnlich ergeht.

Die Geschichte ist übrigens voll mit Spinnern, die zu Gewinnern wurden. Vor einiger Zeit habe ich für meine Wissenssendung Knall Genial einen Song darüber geschrieben, wie eines der ersten Automobile zum Erfolg wurde und wieso die erste Tankstelle der Welt eine Apotheke war.

Die Hauptpersonen dieser wahren Geschichte sind Herr und Frau Benz. Keiner der beiden hätte sich gedacht, wie berühmt ihr Name eines Tages werden würde.

Das erste Automobil, das Herr Benz gebaut hat, war anfänglich ein Flop. Er wurde als totaler Spinner betrachtet: »Das kann doch alles gar nicht funktionieren!« Aber warum ist Herr Benz dann so weltberühmt geworden, und warum gibt es das Unternehmen, das er damals gegründet hat, bis heute?

Weil sich seine Frau eines Tages auf das Automobil gesetzt und die erste 100-Kilometer-Fahrt unternommen hat, gemeinsam mit ihren beiden Söhnen. Sie war nicht nur die erste autofahrende Frau, sondern überhaupt der erste Mensch, der eine Probefahrt gewagt hat, die länger war als einmal rund um das eigene Haus. Sie hat gezeigt, dass man mit dieser komischen Maschine 100 Kilometer weit fahren kann. Das Benzin dafür hat sie in der Apotheke gekauft. Sie war also eine noch größere Spinnerin als ihr Mann. Und genau so eine Spinnerin hat es gebraucht, um das Automobil berühmt zu machen.

Oder Jim Henson, der Erfinder der Muppets. Noch so ein Spinner, dessen Puppen am Anfang niemanden interessiert haben. Überall ist er abgelehnt worden. Aber noch heute sind die Muppets weltberühmt.

Auch ich war so ein Spinner, der sich als Zehnjähriger eine Bauchrednerpuppe zu Weihnachten gewünscht hat. Wenn ich mir jetzt Kinderfotos von damals anschaue, freue ich mich noch immer darüber. Es hat mich auf den für mich richtigen Weg geführt.

Darum ist und bleibt es meine feste Überzeugung: Spinner sind Gewinner.

Wichtig:

Jeder Spinner hat es viel leichter mit Menschen rund um sich, die ihn verstehen und unterstützen. Bei mir waren es meine Eltern, bei Herrn Benz, dem Erfinder des Automobils, seine Frau.

Wenn ihr durchhaltet und euch von euren Träumen nicht abbringen lasst, werdet ihr irgendwann anfangen, die Menschen zu begeistern. Dann wird aus dem Spinner ein Gewinner, wie aus der Raupe ein Schmetterling wird. Und wenn der Erfolg nicht kommt? Dann, glaube ich, ist es immer noch schöner, ihr verbringt euer Leben mit etwas, das euch selbst erfüllt, als ihr hechelt den Zielen anderer Leute hinterher.

Wenn du für das, was dich begeistert, belächelt wirst, du damit aber Menschen erreichen kannst und es dir Spaß macht, dann kann ich nur sagen: Tun, tun, tun! Spinner werden Gewinner, wenn sie den Mut haben, Arbeit und Energie in ihre ganz persönlichen Leidenschaften zu stecken und durchzuhalten.

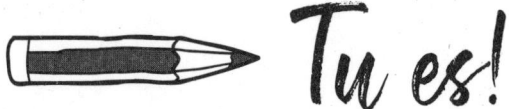

Tu es!

WAS IST MEINE PERSÖNLICHE SPINNEREI?

_____

WAS MACHT MIR DARAN GROSSE FREUDE?

_____

WAS KÖNNTE ANDEREN DARAN FREUDE MACHEN?

_____

WIE WILL ICH WEITERMACHEN? EINFACH FÜR MICH SPINNEN?
ODER AUCH FÜR ANDERE ETWAS DARAUS MACHEN?

_____

WER HAT MICH ALLES BELÄCHELT ODER VIELLEICHT SOGAR VERLETZT?
WER HAT DUMME KOMMENTARE ÜBER MICH ABGEGEBEN?
LISTE HIER ALLE NAMEN AUF:

_____

_____

_____

JETZT STELL DIR ALLE DIESE LEUTE VOR: DU STEHST VOR IHNEN UND LÄCHELST SIE FREUNDLICH AN. DU HAST GROSSE FREUDE MIT DEM, WAS DU TUST, UND VIELLEICHT SOGAR MITTLERWEILE GROSSEN ERFOLG DAMIT. ABER EGAL, WO DU IM LEBEN STEHST, SAGE DREIMAL LAUT:

ICH VERGEBE EUCH! HABT SELBST EIN SCHÖNES LEBEN!
ICH MACHE WEITER DAS, WAS MIR FREUDE MACHT

Warum ich Wunschbriefe schreibe

Es gibt viel über »Briefe an das Universum« zu lesen.
Auch darüber, dass wir Wünsche wahr werden lassen können,
wenn wir richtig wünschen. Aus eigener Erfahrung kann ich sagen:
Es kann wirklich funktionieren. Ich habe zwei Beweise erlebt.

London ist eine wahnsinnig tolle Stadt und schon seit vielen Jahren meine zweite Heimat. Ich fühle mich dort wohl, ich arbeite dort gerne, mehr als die Hälfte meiner Bücher ist dort entstanden. Außerdem liebe ich es, in London ins Theater zu gehen, weil es mich inspiriert.

Viele Jahre lang habe ich immer im Hotel gelebt, wenn ich in London war. In einem Hotel zu wohnen ist eigentlich wunderbar. Ich muss nicht selber aufräumen oder putzen, und es ist immer aufregend, ein neues Hotelzimmer zu beziehen und sich das erste Mal in das frisch gemachte Bett zu legen. Ich konnte in London auch immer ganz ausgezeichnet schreiben, weil ich von keinem Alltag abgelenkt war.

Aber irgendwann ist bei mir der Wunsch aufgetaucht, in London auch wirklich zu Hause zu sein, in der Stadt anzukommen. Ich habe öfter davon geträumt, wie es wäre, eine eigene Wohnung in London zu besitzen. Mit einem eigenen Arbeitszimmer genau nach meinen Vorstellungen.

Weil mich der Gedanke daran nicht losgelassen hat, habe ich beschlossen, aufzuschreiben, was ich mir genau wünsche. Ich hatte davor Verschiedenes gelesen, wie wir unsere Träume Wirklichkeit werden lassen können. Einer der wichtigsten Punkte lautete: Die Wünsche müssen mit viel Gefühl erfüllt sein und dürfen nur positiv sein. Außerdem soll alles bis ins kleinste Detail beschrieben werden.

Da ich diesen Brief von damals noch immer besitze, hier einige Auszüge daraus:

Ich freue mich jedes Mal, wenn ich nach London komme und auf meine Wohnung im West End zufahre. Schon von außen mag ich das Haus, und blicke ich nach oben zu meiner Wohnung, so springt mein Herz vor Freude.

Es ist ein herrliches Gefühl, die Wohnung zu betreten, über den schönen alten Holzboden zu gehen, die herrlichen Holzbalken zu streicheln und den hohen Wohnraum zu genießen, der Dachschrägen hat.

Ich fühle mich wohl im Schlafzimmer, das heimelig ist, mir das Gefühl von Geborgenheit gibt und wo ich wunderbar schlafe. Am Morgen weckt mich die aufgehende Sonne.

Ich bin gerne in meiner kleinen modernen Küche und mache mir Kleinigkeiten zu essen.

Mein Herz und mein Hirn gehen auf in dem Wohnraum mit dem prachtvollen Ausblick in die Weite. Der Raum ist selbst an

einem grauen Wintertag sehr hell und gemütlich. Ich genieße das
Prasseln des Kaminfeuers.

Angenehm ist auch mein Arbeitszimmer, wo ich all meine Un-
terlagen habe.

Die frische Luft oben auf der Dachterrasse ist eine Freude und
der Blick eine Wonne. Ich sitze manchmal oben und schreibe.

Es macht Spaß zu erzählen, wie unglaublich günstig die Woh-
nung war. Londoner können es kaum fassen und staunen über den
niedrigen Preis.

Gehe ich aus dem Haus, habe ich schon wieder Freude, weil
ich alle Theater und Läden rund um mich habe, wie ich es gerne
mag.

Ich genieße und mag die Ruhe meiner Wohnung sehr. Beson-
ders froh bin ich aber über meine Nachbarn und Freunde, die in
der Nähe wohnen. Es macht viel Spaß, sie zu treffen, sich auszu-
tauschen, zu reden, einfach nur gemeinsam zu relaxen.

Als ich den Brief auf meinem Computer fertig getippt hatte,
habe ich das Dokument abgespeichert, in einem Ordner ab-
gelegt und, ehrlich gesagt, darauf vergessen.

Erst vier Jahre nach dem Verfassen dieser Zeilen habe
ich den Entschluss gefasst, eine Wohnung in London zu suchen. Es ist eine sehr frustrierende Zeit gefolgt, in der ich
fünfzig und mehr Wohnungen besichtigt habe. In keiner
konnte ich mir vorstellen zu leben. Die wenigen, die mir gefallen haben, lagen in einem Stadtteil, der zu weit vom Zen-
trum entfernt war, oder waren einfach viel zu teuer.

Nach ein paar Monaten Suche bin ich über eine Wohnung gestolpert, die ungefähr so war, wie ich sie haben wollte. Sie war nicht genau so, aber sie war auch nicht schlecht. Sie ist ungefähr in dem Viertel gelegen, in das ich gerne ziehen wollte, hat ungefähr die richtige Größe und Zimmeraufteilung gehabt. Also habe ich zugeschlagen und ein Angebot gestellt.

Zuerst hat es sehr gut ausgesehen, denn der Verkäufer hat mein Angebot rasch akzeptiert. Dann aber hat sich die Sache über Monate hingezogen, und zum Schluss, ganz knapp vor der letzten Unterschrift, hat es sich der Verkäufer anders überlegt: Er wollte doch nicht mehr verkaufen.

Ich war wirklich verzweifelt, am Boden zerstört und enttäuscht. So nah dran und dann im letzten Moment gescheitert. Dabei hatte ich mir ein eigenes Zuhause in meiner Lieblingsstadt so sehr gewünscht. Dieser Vorfall hat sich im Spätherbst ereignet, und aus Erfahrung hat mir jeder gesagt, dass ich nun bis zum nächsten Frühling würde warten müssen.

Als ich damals einem guten Freund von der Geschichte erzählt habe, hat er spontan gesagt: »Thomas, ich sag dir eines: Wenn so etwas passiert, hat es immer einen Sinn. Da steckt immer etwas Gutes dahinter.«

Das habe ich sehr bezweifelt und meinen Plan vom Wohnungskauf vorerst begraben. Dabei war der Zeitpunkt günstig, denn aufgrund der Börsenkrise waren die Preise in London zum ersten Mal seit Langem gefallen. Aber was nützte das, wenn keine Wohnung auf den Markt kam, die mir gefiel und die ich mir leisten konnte?

Ende November, in der absolut toten Zeit am Wohnungs-markt, hat mich ein Makler kontaktiert, der von meiner Suche wusste. Er hat mich informiert, dass in den nächs-ten Tagen eine Wohnung zum Verkauf kommen würde, die mir gefallen könnte. Ich dürfe sie sogar schon vorab besichtigen.

Als ich die Wohnung ein paar Tage später das erste Mal betreten habe, ist mir klar gewesen: Die ist es und keine an-dere. Sie war einfach perfekt. Und diesmal haben auch die Formalitäten sofort geklappt. Angebot gestellt, geeinigt, unterschrieben. Ein paar Wochen später bin ich eingezo-gen, und seither ist diese Wohnung mein zweites Zuhause.

Aber das Erstaunlichste kommt erst.

Etwa ein Jahr später sitze ich in meinem inzwischen eingerichteten Arbeitszimmer in London und durchfors-te meinen Laptop nach überflüssigen Dateien, um wieder mehr freien Speicherplatz zu bekommen. Dabei stoße ich auf einen Ordner namens »Wünsche«. Klingt vielverspre-chend. Das erste Dokument, das ich in dem Ordner Wün-sche öffne, ist der Brief an das Universum, den ich vorher zitiert habe. Ich schwöre bei allem, was mir heilig ist, dass ich ihn in den Jahren davor nie angesehen habe.

Ich lese also den Brief, schaue mich in meinem Arbeits-zimmer um und kann es nicht glauben. Ja, wirklich. Ich wohne genau in der Wohnung, die ich in meinem Brief an das Universum beschrieben habe. Es stimmt einfach alles. Oder fast alles, aber wir wollen nicht kleinlich sein. Mein Erstaunen hätte nicht größer sein können.

Hilft uns das Universum wirklich immer?!

Das war nicht das erste und auch nicht das einzige Mal, dass ich so einen Brief an das Universum geschrieben habe. Es hat nicht immer funktioniert. Aber wenn es nicht funktioniert hat, dann bin ich oft im Nachhinein draufgekommen, dass es Wünsche waren, bei denen es wahrscheinlich gar nicht so gut für mich gewesen wäre, wenn sie sich erfüllt hätten.

Ich glaube, das Entscheidende an dieser Idee ist auch gar nicht, dass die Wünsche immer in Erfüllung gehen. Das Entscheidende ist das Schreiben des Briefes, denn im Zuge dieses Prozesses können wir uns klar darüber werden, was wir wirklich wollen. Wir können ausprobieren, wie es sich anfühlt, wenn der Wunsch einmal in Erfüllung geht und ob wir das auch wirklich so wollen.

Das klare Bild und das damit verbundene Gefühl sind eine Kraft, die wie ein Magnet wirken kann, WENN ...

Das große WENN lautet: WENN wir uns überhaupt vorstellen können, dass der Wunsch erfüllt werden kann. Wenn wir zweifeln und ständig denken, dass es doch eigentlich unmöglich ist, dann sabotieren wir diese Kraft. Es gehört eine große Portion Aufmerksamkeit dazu, sich selbst zu überzeugen, dass Wünsche in Erfüllung gehen können.

Viele Dinge im Leben brauchen Zeit, und wir brauchen Geduld, um auf sie zu warten. Wir können nicht alles erzwingen. Aber Geduld zu haben gehört zum Schwierigsten überhaupt. Ganz besonders für mich!

Wünschen kann Wunder bewirken. Es schadet jedenfalls nie. Zumindest werden wir uns klar darüber, was wir und wie wir es gerne hätten und wie sich das Leben dann anfühlen würde. Wirklich daran zu glauben ist aber die Grundlage, damit ein Wunsch in Erfüllung geht.

 *Tu es!*

MEIN WUNSCH: (BESCHREIBE IHN SO BUNT UND VOLLER FREUDE
WIE NUR IRGEND MÖGLICH.)

SO WIRD ES SICH ANFÜHLEN, WENN MEIN
WUNSCH IN ERFÜLLUNG GEGANGEN IST:

_____

_____

_____

DAS SIND DIE DREI LEUTE, DENEN ICH ALS ERSTES DAVON ERZÄHLEN
WERDE (NAME UND WAS DU IHNEN SAGEN WIRST):

1) _____

2) _____

3) _____

DAS SIND SIEBEN GRÜNDE, WIESO MEIN WUNSCH
IN ERFÜLLUNG GEHEN KANN:

1) _____

2) _____

3) _____

4) _____

5) _____

6) _____

7) _____

Warum wir im Leben mit allem rechnen müssen – vor allem aber mit dem Schönen

Wir können nicht in jedem Moment darauf zählen. Wir können es auch nicht fix in unser Leben einrechnen. Wir können es schon gar nicht erzwingen. Aber Dinge, die absolut unmöglich erscheinen, können auf einmal möglich werden. Mir ist das passiert.

Die Zeit vor fünf Jahren war für mich eine sehr traurige. Die Wunden nach der Trennung von meinem Partner waren noch nicht verheilt, ich hatte niemand Neuen kennengelernt und mich ziemlich allein gefühlt. Beruflich ging es drunter und drüber. Trotzdem musste ich lächeln und schreiben, und beides habe ich auch ziemlich gut bewältigt. Die Einsamkeit und das Gefühl, etwas verloren und haltlos zu sein, sind aber geblieben.

Was sollte geschehen? Innerlich war ich gewappnet für weitere »Katastrophen«, und mein Glaube an das Gute, das Positive und Schöne ist mir damals weitgehend abhandengekommen.

Bis ich meine neue Familie kennengelernt habe. Ein Ereignis, das ich bis heute als ein Wunder ansehe und über das ich noch immer staune. Außerdem bin ich dafür unendlich dankbar.

Begonnen hat alles bei einem Empfang anlässlich des Life Balls. Ich bin mit Leuten am Tisch gesessen, die mir alle fremd waren. Neben mir saß Hermann, ein Zeitungsverleger, mit dem ich geredet habe. Wir haben Visitenkarten ausgetauscht, und er wollte mich wegen eines Projekts kontaktieren.

Seine Frau Carmen hat übrigens an diesem Abend lachend zu ihm gesagt, dass ich eine verblüffende Ähnlichkeit mit Thomas Brezina hätte.

Gehört habe ich danach vorerst nichts mehr von Hermann. Aber einige Wochen später sind wir uns wieder begegnet. Es war auf einer Büroeinweihungsfeier, und er hat sich sehr gefreut mich wiederzusehen. Meine Karte hatte er leider verloren, aber seine Worte waren: »Thomas, wenn ich dich sehe, dann habe ich immer das Gefühl, es gäbe so viel, worüber wir reden sollten. Bitte ruf meine Frau an, und vereinbart einen Termin, an dem du zu uns zum Essen kommst.«

Das habe ich auch gemacht, und wenig später habe ich einen unglaublichen Abend mit Hermann und Carmen verbracht. Carmen ist eine ausgezeichnete Köchin und hat ein 6(!)-gängiges Menu gezaubert. Hermann hat mir sehr offen von sich und ihrer Familie erzählt. Die beiden haben nicht nur 15 Patenkinder, sondern auch eine Adoptivtocher, die schon erwachsen vor einigen Jahren Teil der Familie wurde. So offen wie Hermann und Carmen habe auch ich von meiner damaligen Lebenssituation erzählt.

Wir haben uns danach immer wieder getroffen und uns mit der Zeit immer besser kennengelernt. Nur wenige Monate nach dem ersten Abendessen haben die beiden zu mir gesagt: »Thomas, was du brauchst, das ist eine Familie. Ein Hafen, in den du immer kommen kannst. Und wenn du das möchtest, dann sind wir deine Familie.«

Glauben konnte ich das nicht richtig.

Da ich zu dieser Zeit an manchen Tagen sehr allein war, hat Carmen vorgeschlagen, mich täglich anzurufen, so wie sie das auch mit den anderen Familienmitgliedern tut. Bereits am nächsten Tag hat sie damit begonnen.

Nach und nach habe ich die übrigen Familienmitglieder kennengelernt, die mich alle sehr herzlich aufgenommen haben. Irgendwann hat Carmen mir erzählt, dass ihr Sohn Marco und ihre Tochter Iris mich mehr als einen von ihnen sehen, obwohl ich so alt wie Hermann und Carmen bin.

Mittlerweile haben Marco und Iris jeweils ihre Partner geheiratet, und auf den Hochzeitsfotos bin ich immer auf dem Geschwisterfoto zu sehen.

Übrigens habe ich vier Neffen dazubekommen, eine Nichte und Großeltern, die altersmäßig allerdings meine Eltern sein könnten. Aber in dieser Familie spielt das keine Rolle, und wir lachen viel darüber.

Meine neue Familie ist der Hafen geworden, den ich mir lange sehr gewünscht hatte. Sie hat mich durch schwierige Zeiten begleitet und ist eisern zu mir gestanden. Natürlich bin ich für Carmen und Hermann genauso da, wann immer sie mich brauchen. Gefeiert wird viel miteinander, und ich danke jeden Tag für dieses Geschenk des Himmels.

Für möglich hätte ich so etwas nicht gehalten. Aber es geschehen eben auch Dinge im Leben, die absolut unmöglich erscheinen.

Achtung:

Nicht nur die großen Dinge wie das Glück einer neuen Familie erscheinen uns allzu leicht unmöglich. Oft gehen wir auch an einem kleinen Glück vorbei, weil wir es von vornherein ausschließen: Die Versöhnung mit einem Menschen, mit dem wir lange zerstritten waren. Oder der Einstieg in ein ganz anderes Berufsfeld als jenes, in dem wir uns immer gesehen haben.

Mit dem Schönen rechnen heißt, mit offenen Augen und Ohren durchs Leben zu gehen. Wenn ihr das tut, werdet ihr merken, dass euch das Leben immer wieder ganz unverhofft kleine und größere Geschenke macht, die ihr leicht übersehst, wenn ihr spontanes Glück fälschlich für unmöglich haltet.

Du musst im Leben mit allem rechnen – vor allem aber mit schönen Überraschungen, die wie ein Wunder erscheinen!

Tu es!

ZU MEINER ERINNERUNG:
WAS IST MIR IM LEBEN SCHON SCHÖNES, ÜBERRASCHENDES,
ANGENEHMES, GROSSARTIGES GESCHEHEN, WOMIT ICH
NICHT GERECHNET HATTE?

1) _____

2) _____

3) _____

4) _____

5) _____

WENN MIR DAS ALLES PASSIERT IST, KANN MIR NOCH VIEL MEHR
SCHÖNES UND UNERWARTETES IM LEBEN GESCHEHEN.
ICH KANN ALSO BERUHIGT SEIN!

> ICH RECHNE IM
> LEBEN MIT ALLEM,
> BESONDERS MIT
> DEM SCHÖNEN!

Zum Abschluss ...

... Schon als ich ein Kind war, wollte ich jeden Tag voll und ganz leben, und das ist bis heute so geblieben. Das bedeutet nicht immer große Abenteuer, aber am Abend möchte ich die folgenden Fragen beantworten können:

Was habe ich heute geschafft?

Was hat mich gefreut?

Was habe ich gelernt?

Was habe ich für mich gemacht?

Was habe ich für andere getan?

Jeder Tag kommt nur ein einziges Mal. Wenn die Sonne untergeht, ist er vorbei. Unsere Macht besteht darin, den Tag so gut wie möglich zu leben und auszufüllen.

Ja, es kann jede Menge Mist passieren. Aber ich kann entscheiden, wie ich damit umgehen will.

Ja, es können mir Leute auf die Nerven gehen, aber ich bestimme, ob sie mich beleidigen können oder nicht.

Ja, ich kann fröhlich sein und bin es manchmal aber nicht, weil ich ein Mensch bin. Dann tue ich alles dafür, um gut zu mir zu sein und verzeihe mir, wenn nötig.

Alles, was ich erzählt und beschrieben habe, ist praktisch umsetzbar. Aber auch mir selbst gelingt es durchaus nicht immer. Ich entgleise manchmal, tu dann aber alles, um wieder auf Schiene zu kommen.

Das Wichtigste im Leben ist und bleibt
für mich, etwas zu TUN!

In diesem Sinne wünsche ich euch viel
Freude. Und vergesst nicht:

Tut es einfach und glaubt daran!

Danke

Viele Menschen und Bücher haben mir im Laufe
der Jahre Ideen für mehr Freude im Leben gegeben.
Dafür bin ich unendlich dankbar.

Danke an Bernhard Salomon und das ganze Team
der edition a für die Möglichkeit zu meinem ersten
Sachbuch, die liebevolle Gestaltung und Betreuung.
Es ist eine Freude, mit einem Verlag wie euch zu
arbeiten.

Danke an Anatol Vitouch für die gekonnte
Begleitung im Entstehen dieses Buches.

Danke an Rüdiger Salat und Michael Prügl, die
Testleser waren und wichtige Inputs gegeben haben.

Und danke an Ivo und Joppy, die mir jeden Tag so
viel Freude bereiten, meine Nicht-ganz-so-freudi-
gen-Momente mit einem Lächeln erleichtern und
mich auf Ideen bringen, wie den Titel dieses Buches.